PLAY THE SEVEN YEARS' WAR 1756-1763 •1

GIOCA A WARGAME ALLA GUERRA DEI SETTE ANNI -1

PRUSSIAN - BRITISH & HANNOVERIAN ARMIES

LUCA STEFANO CRISTINI - GIANPAOLO BISTULFI

AUTHORS

Luca Stefano Cristini has edited various publications on ancient and contemporary historical themes, including a great work on five volumes about the thirty years war and many others on Medieval, Napoleonic item as well as several illustrated books with historical color photographs. He has also curated all the brands of Soldiershop publishing.

Luca Stefano Cristini, storico e divulgatore da sempre di storia militare. Ha diretto per diversi anni riviste nazionali specializzate di carattere storico e uniformologico. Ha pubblicato un importante lavoro, recentemente ristampato su 5 volumi, dedicato alla guerra dei 30 anni (1618-1648) il primo mai stampato in Italia sull'argomento. L'autore ha oggi al suo attivo molti titoli delle collane Soldiershop, Bookmoon e Museum sia in qualità di autore che di illustratore.

Gianpaolo Bistulfi was born in Milan where he lives and works. He has always had a passion for drawing and painting. In 1987, he discovered the world of flat soldiers, virtually unknown in Italy. Gianpaolo has dedicated himself to making the world of flats known in Italy: he has created a very extensive website on the subject; he has written and writes articles for specialized magazines in Italy, Germany and England; he has collaborated in the publication of some books by providing photos of the figures of his wide collection of flat figures. His collection is one of the most important in the world.

Gianpaolo Bistulfi è nato a Milano dove risiede e lavora. laureato in Ingegneria elettrotecnica al Politecnico di Milano. Ha sempre avuto una passione per il disegno e la pittura. Nel 1987, scopre il mondo dei soldatini piatti, all'epoca poco sconosciuti in Italia. In breve diventa uno dei massimi artisti di riferimento mondiale nella colorazione e raccolta di soldatini piatti. La sua collezione è da annoverare fra le più grandi del mondo. Ha contatti con tutto il gotha di artisti e produttori di zinnfiguren e gestisce un blog molto seguito.

PUBLISHING'S NOTE

No part of our book may be reproduced in any format without the expressed written permission of Luca cristini Editore (Soldiershop.com), other than for personal hobby use. The publisher remains to disposition of the possible having right for all the doubtful sources images or not identifies.

ACKNOWLEDGMENT - RICONOSCIMENTI:

A special acknowledgment goes to our master paper kraft Giuseppe Cristini, expert author of all the "clippings" and assembly of our kits and buildings. A thank you also goes to all the artists of flat painted soldiers not mentioned of the models belonging to the authors' collections. Last a thanks to Anna Cristini, author of the assembly of all the figures' stands.

Uno speciale riconoscimento va al nostro master paper kraft Giuseppe Cristini, esperto autore di tutti i "ritagli" e montaggi dei nostri kit ed edifici. Un ringraziamento va anche a tutti gli autori di soldatini piatti dipinti non citati dei modelli appartenenti alle collezioni degli autori. Ad Anna Cristini autrice del montaggio degli stand dei figurini.

Title: **Play the Seven years' war 1756-1763 - 1 - Gioca a wargame alla guerra dei sette anni 1756-1763 - 1**
By Luca Stefano Cristini & Gianpaolo Bistulfi
Serie Paper Battles&Dioramas edit by Luca S. Cristini. First edition by Soldiershop series. Agosto 2020
Cover & Art Design: Luca S. Cristini. ISBN code: 978-88-93276047
Published by Luca Cristini Editore, via Orio 35/4- 24050 Zanica (BG) ITALY. www.soldiershop.com

PLAY THE SEVEN YEARS' WAR 1756-1763 -1
GIOCA A WARGAME ALLA GUERRA DEI SETTE ANNI 1756-1763 - 1

PREFACE

The Seven Years War (1756 - 1763) was a military struggle between Britain, Hannover and Prussia (later Portugal) on one side, and France, Russia, Austria, and Sweden on the other. France and Britain carried the fighting to their colonies, and eventually the conflict involved many of the European powers. In the USA this war is also known as the French and Indian War. The result of the war was to increase the power of Britain (especially in her colonies) and Prussia. The leading military figure in the conflict was King Frederick II of Prussia, later known as Frederick the Great. One of his innovations was the oblique attack order. This maneuver was designed to bring the bulk of his army against one of the enemie's flanks, defeating it decisively before the entire enemy army could become engaged.

In the following 50 pages you will find hundreds of soldiers supplied in the standard scale of 25/28mm that you can, for personal use only, photocopy on thicker cardboard and thus obtain weapons of the desired size. Always acting on the print you can enlarge or on the contrary reduce the scale, in order to get soldiers in other scales from 10mm to 30mm! Any commercial use is prohibited as the copyright remains the exclusive property of Soldiershop. Given the cover price of our books it could be cheaper for you to get toy soldiers directly from our books, especially with the new editions that include the sheets all on the right pages with the back occupied by text and not by other soldiers!

So what are you waiting for? Put on your general's epaulettes, equip yourself with a capable table, a ruler to measure, a pair of dice and get ready to lead your armies in epic and exciting battles of history.

PREFAZIONE

La guerra dei sette anni (1756 - 1763) fu un famoso conflitto condotto dalla Prussia alleata della Gran Bretagna da una parte e Francia, Russia, Austria e Svezia dall'altra. Francia e Gran Bretagna portarono i combattimenti persino nelle loro colonie e alla fine il conflitto coinvolse molte delle potenze europee. Negli Stati Uniti questa guerra è anche conosciuta come la guerra franco-indiana. Il risultato finale della guerra vide crescere il potere della Gran Bretagna (specialmente nelle sue colonie) e la consacrazione della Prussia come nuova potenza europea. La figura militare di maggiore spicco del conflitto fu certamente quella del re Federico II di Prussia, meglio noto come Federico il Grande. Una delle sue innovazioni più ardite e moderne fu l'ordine di attacco obliquo. Questa manovra venne progettata per portare la maggior parte del suo esercito contro uno dei fianchi del nemico, sconfiggendolo in modo decisivo prima che l'intero esercito nemico potesse organizzarsi.

Nelle 50 pagine che seguiranno troverete centinaia di soldati forniti nella scala standard di 25/28mm che potrete, per solo uso personale, fotocopiare su cartoncino più spesso ed ottenere così armate delle dimensioni desiderate. Sempre agendo sulla stampa potrete, ingrandendo o al contrario riducendo la scala, ottenere soldatini in altre scale da 10mm a 30mm! Resta proibito qualsiasi uso commerciale in quanto il copyright rimane proprietà esclusiva di Soldiershop. Dato il contenuto prezzo di copertina dei nostri volumi potrebbe essere più conveniente per voi ricavare i soldatini direttamente dai nostri libri, specialmente con le nuove edizioni che prevedono i fogli tutti sulle pagine di destra con il retro occupato da testo e non da altri soldati!

Quindi cosa aspettate? Indossate le spalline da generale, dotatevi di un capace tavolo, un righello per misurare, un paio di dadi e preparatevi a guidare i vostri eserciti in epiche e appassionanti battaglie della storia.

HOW TO ASSEMBLE YOUR PAPER ARMY AND YOUR DIORAMAS
COME MONTARE LA VOSTRA ARMATA DI CARTA E I VOSTRI DIORAMI

In order to create numerous armies, you can directly use our toy soldiers or, alternatively, photocopy them (only and exclusively for personal use, any other right is excluded). Our sheets have a size of 8x10 inches, (20.3 x 25.4 cm). Our toy soldiers are from 25 mm to 28 mm high. If you want to obtain toy soldiers on a different size from the one provided, you must either reduce them or, on the opposite, enlarge them in scale. We recommend using professional or service copiers that certainly offer better print quality. Our bases come in multiple sizes or fractions of 4 cm long by 2 cm wide (sometimes 1 cm, as with single artillerymen, bushes, accessories etc.). The average length of the cavalry is 8 cm, while for infantry it is 4, 8 or 12 cm. Command or flag sections come in 4 cm bases. The bases for artillery are 4x4 cm.

The uniforms of the eighteenth century were already well codified, the barie nations had a "national" color: dark blue for Prussia, egg white for France, red for Great Britain and Hanover. White for Austria and so on. To broaden the typology of armies involved in the mid-century wars of the enlightenment and if you are skilled artist you can also easily recolor some parts of the tunics and clothing with markers or with acrylic colors, and a brush in the case of dark colors bases.

We recommend using 80 or 100 grams of cardboard, not thicker otherwise you will have some difficulty when cutting, and that's the optimal weight once the glue dries. For what concerns the glue you have many possibilities,

Per favorire la creazione di eserciti numerosi potete utilizzare direttamente i nostri soldatini o in alternativa fotocopiarli (esclusivamente per uso personale, ogni altro diritto è escluso). I nostri fogli sono nel formato 8x10 pollici (20,3 cm x 25,4 cm). I soldatini hanno un'altezza media da 25 mm a 28 mm circa. Se si vogliono ottenere soldatini in scala diversa da quella fornita basterà ridurli o ingrandirli in scala. Consigliamo di utilizzare fotocopiatrici professionali o service che certamente offrono una migliore qualità di stampa. Le basi sono di misure multiple di 4 cm di lunghezza per 2 cm di altezza (1 cm nel caso di artiglieri singoli, cespugli, accessori ecc.). La lunghezza media della base di cavalleria è 8 cm, mentre per la fanteria si usano 4, 8 o 12 cm. Per le sezioni comando o bandiera, o comandante, la base è di 4 cm. Per l'artiglieria sono 4x4 cm.

Le uniformi del XVIII secolo erano già ben codificate, le barie nazioni avevano una soprta di colore "nazionale": Blu scuro per la Prussia, Bianco d'uovo per la Francia, rosso per Gran Bretagna e Hannover. Bianco per Austria e così via. Per allargare la tipologia degli eserciti coinvolti nelle guerre della metà del secolo dei lumi e se siete abili artisti potete anche ricolorare facilmente alcune parti delle tuniche e del vestiario con pennarelli nel caso di fondi di colore chiaro, o con colori acrilici e un pennellino nel caso di base con colori scuri.

I nostri kit di soldatini ed edifici sono generalmente facili da montare. Consigliamo di utilizzare cartoncini di 150/200 grammi per metro, non

Paper sheets - I fogli con i modelli

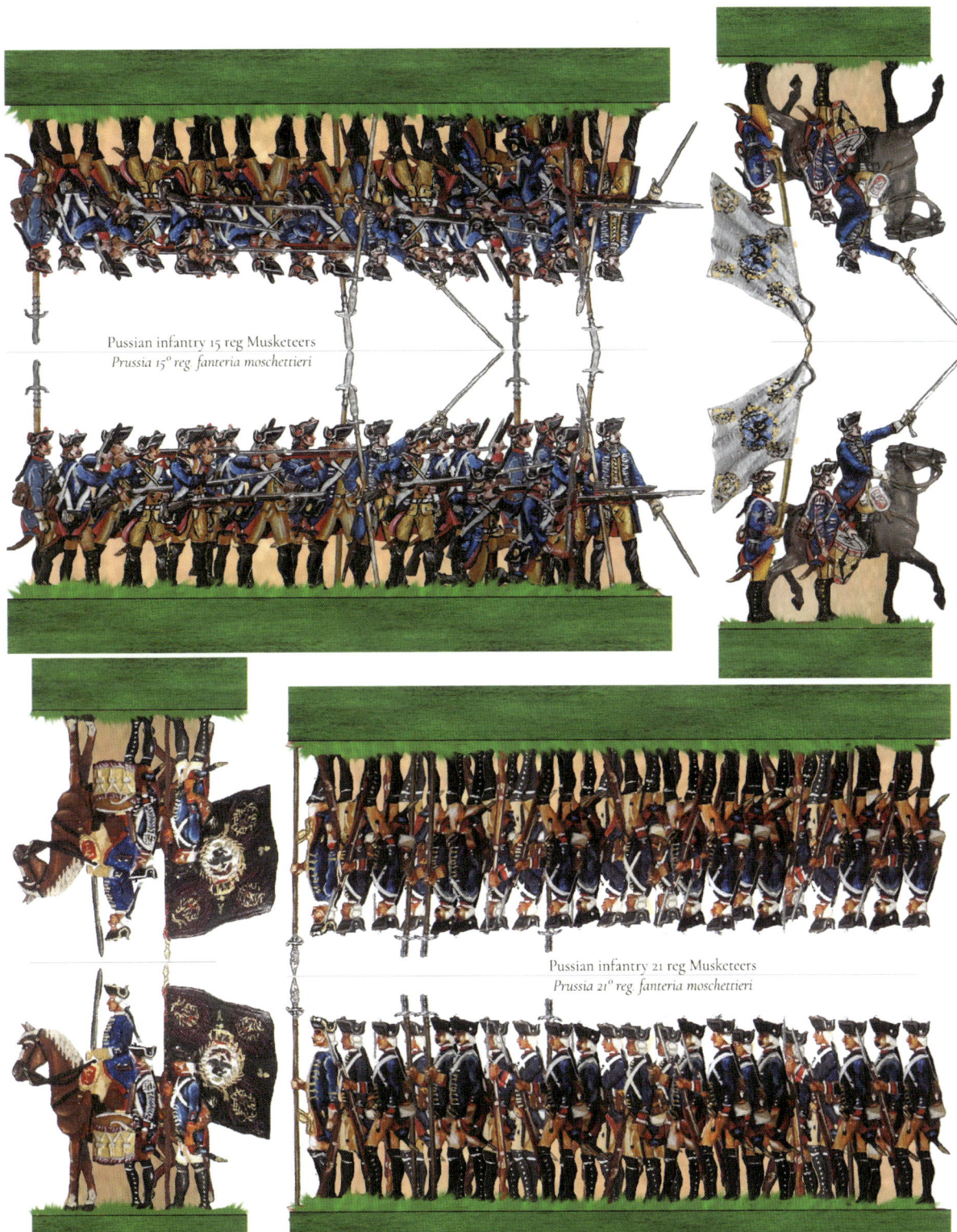

Pussian infantry 15 reg Musketeers
Prussia 15° reg. fanteria moschettieri

Pussian infantry 21 reg Musketeers
Prussia 21° reg. fanteria moschettieri

it just depends on your experiences, Vinylic, UHU or glue stick are always indicated. As you can see, our toy soldiers are printed on both sides. This is not a real front and back, as we have chosen to show soldiers moving from right to left or vice versa and rarely in front. However, the result is superb. Each group is generally divided by a thin line that indicates the exact position in which the paper should be folded, perhaps with the help of a ruler, and then glued so to match the two parts, except the bases that should be folded 90 degrees outward. Once the glue is completely dry, weld the two semi-bases onto a heavier cardboard that gives the base its solidity. If you want you can also glue some synthetic grass to the base for an even more realistic effect. In this case we suggest to apply a thin layer of vinyl glue and pour the synthetic grass until it is welded, then blowing away the excess. Once the whole thing is fixed, we must proceed to cut the "white" parts that surround the soldiers and their weapons or flags. Use scissors or cutters for this, depending on the part you have to work with. Also remember to pay attention to the formation of units, following the instructions given in the chapter of tactics or scenarios attached to the book. Therefore, make a number of commanders, generals, command sections and flags proportional to the battalions, squadrons or batteries of cannons of which your army is formed. On the cannon bases remember to put an appropriate number of artillerymen (with base 1 cm).

Making 3D models

In our sheets we offer the possibility of making artillery pieces or carriages in 3D format. If you are not interested we also provide some solutions with "flat" models as the toy soldiers themselves. All models in 3D give a whole different look to the scene or to the diorama you create. They are obviously a bit more complex to assemble but with time you will certainly learn to overcome this obstacle. The greatest difficulties, as well as with the buildings, are with the cannons and wagons. Here you simply have to proceed step by step, welding all the parts stamped in

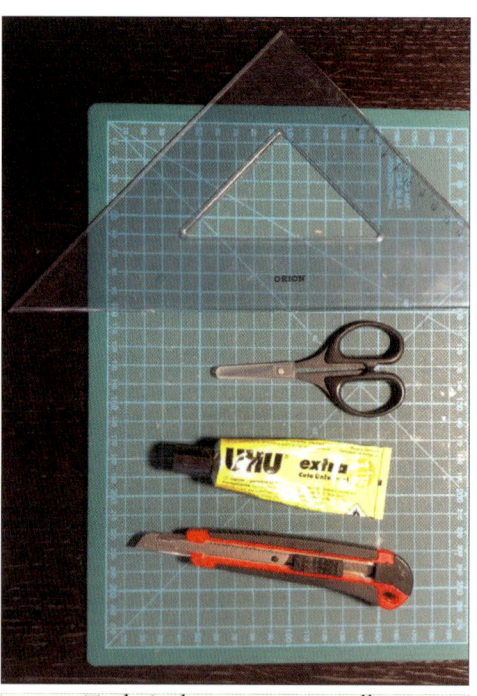

Tools & glue - Attrezzi e colla

più spessi altrimenti sarà più complicato tagliare tutto quanto, e in ogni caso quel peso è l'ideale una volta asciugata la colla. Per quanto riguarda il collante avete molte possibilità, Vinavil, UHU o colle stick sempre pratiche. I nostri soldatini sono stampati su due lati. Tuttavia non si tratta di un vero e proprio fronte retro, dato che abbiamo scelto di mostrare soldati in movimento da destra a sinistra o viceversa e raramente di fronte. In ogni caso il risultato è comunque superbo. Ogni gruppo è generalmente diviso da una sottile linea che indica la esatta posizione in cui la carta va piegata, magari aiutandosi con un righello, e poi incollata in modo da far combaciare le due parti, ad eccezione delle basi che invece vanno piegate di 90 gradi verso l'esterno. Una volta secca la colla saldiamo le due semi basi su un cartoncino più pesante per conferire solidità alla base. Volendo potremmo anche incollare dell'erba sintetica da modellismo alla base per un effetto ancora più realistico. In questo caso suggeriamo di stendere un leggero velo di colla vinilica e versare a pioggia l'erba sintetica finche si salda, soffiando poi via l'eccesso. Una volta saldato il tutto si procederà a tagliare le parti "bianche" che circondano i soldatini e le loro armi o le loro bandiere. Utilizzate per questo forbici o cutter a seconda della pratica che avrete sviluppato. Ricordate anche di prestare attenzione alla formazione delle unità, seguendo le indicazioni fornite nel capitolo delle tattiche o degli scenari allegati nel libro. Pertanto realizzate un numero di comandanti, generali, sezioni comando e bandiere proporzionale ai battaglioni, agli squadroni o alle batterie di cannoni da cui è formato il vostro esercito. Sulle basi dei cannoni incollate un numero adeguato di artiglieri (a base 1 cm).

Realizzare modelli in 3D

Nei nostri fogli offriamo sempre la possibilità di realizzare pezzi d'artiglieria, carriaggi, carrozze anche in formato tridimensionale, fornendo ugualmente anche alcune soluzioni con modelli "piatti" come i soldatini stessi. Tuttavia i modelli in 3D conferiscono tutto un altro aspetto alla scena o al diorama. Sono ovviamente procedimenti un po' più complessi, ma con il tempo imparerete certamente a superare anche questo ostacolo. Le maggiori difficoltà, oltre che con gli edifici, si avranno con i cannoni e con i carri. Qui dovrete semplicemente procedere passo a passo,

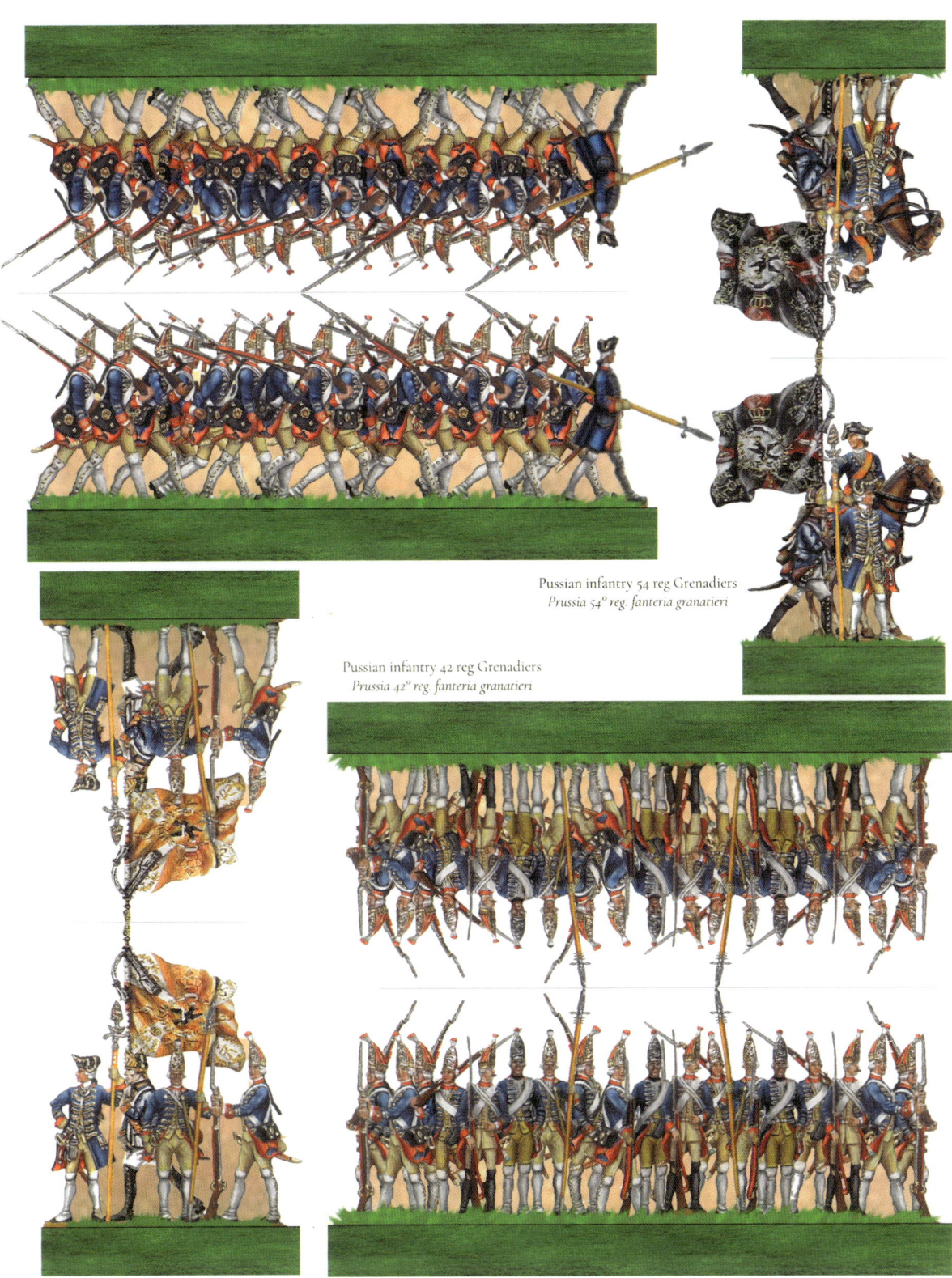

Pussian infantry 54 reg Grenadiers
Prussia 54° reg. fanteria granatieri

Pussian infantry 42 reg Grenadiers
Prussia 42° reg. fanteria granatieri

duplicate: cutter, wheels, etc... For the canes of the cannons, use a bodkin or a nail of a certain thickness and roll the rod until you have the desired caliber, then close the ends with the drawings of the breech and the mouth of the cannon. Once the glue has dried, it is time to add the metal rims to the wheels of the cannons and the bands to the frames. Then assemble the piece with the various parts of which it is composed: the shaft, the connecting axes, the wheels and the barrel of the cannon. Finally, the ammunition box. In the same way, proceed to assemble the wagons. For the towing you can decide, if the design of the subject allows it, to make two lines of horses that pull the pieces or wagons. In this case, you should reduce the internal width of the bases of the horses, so to appear proportionate to the piece or wagon that they will have to pull.

For artillery gabions, you will find models in two or three dimensions. In the case of the 3D, roll up the gabion until it matches the two extremes. Glue the white tab, then proceed to insert the cover from above and weld everything on the base to the ground, slightly wider.

Build trees & accessories for dioramas

The process is quite simple. It is better to use slightly thicker cards in this case, avoiding vinyl glues that with their watery base would make the assembly a bit complicated. Given the almost total presence of straight lines, the buildings should be cut with ruler and cutter. We always suggest to use new blades and to cut the lines several times, considering the thickness of the cardboard. Once the walls and perimeters have been cut, proceed to fold all the white tabs 90°. Once obtained the corners you will then proceed to fix the various parts to the white tabs. The diagrams provided in the various pages will certainly help you to understand how to proceed in the assembly. Once the structure is assembled, add all the details such as windows, doors, recesses, etc... Finally, to make the building balance, draw wider base. You can colour the visible part of this base in ground colour and the building is ready. For trees and vegetation proceed in the usual way of toy soldiers and bushes in 2D. Otherwise you can use the same design several times to create trees on three or even four faces in perfect 3D style!

saldando prima di tutto tutte le parti stampate in doppio: affusto e ruote. Per le canne dei cannoni munitevi di un punteruolo o di un chiodo di un certo spessore, e arrotolate la canna fino ad ottenere il calibro desiderato; chiudete poi le estremità con i disegni della culatta e la bocca del cannone. Una volta secca la colla è il momento di aggiungere i cerchioni in metallo alle ruote dei cannoni, e le fasce agli affusti. Assemblate poi il pezzo con le varie parti di cui è composto: affusto, assi di congiunzione, ruote e canna del cannone. Infine la scatola delle munizioni. Allo stesso modo procedete nel montaggio dei carriaggi. Per i traini potete decidere, se il disegno del soggetto ve lo consente, di fare due linee di cavalli che trainano i pezzi o i carri. In questo caso abbiate cura di ridurre la larghezza interna delle basi dei cavalli da tiro in modo da apparire proporzionati al pezzo o al carro che dovranno trainare.

Per i gabbioni d'artiglieria, anche qui avrete a disposizione modelli a due o tre dimensioni. Nel caso del 3D, arrotolate il gabbione fino a farlo combaciare con le due stremità. Incollate la linguetta bianca, poi procedete ad inserire il coperchio dall'alto e a saldare il tutto sulla base a terra, leggermente più larga.

Costruire edifici, alberi e accessori per i diorami

Il procedimento è abbastanza semplice. È meglio utilizzare in questo caso cartoncini leggermente più spessi, evitando colle viniliche che con la loro base acquosa renderebbero il montaggio un po' complicato. Vista la pressoché totale presenza di linee dritte, gli edifici vanno ritagliati con righello e cutter. Consiglio di usare sempre lame nuove e di incidere più volte le linee, visto lo spessore del cartoncino. Una volta tagliate le pareti e i perimetri, procediamo alla piega di tutte le linguette bianche di 90 gradi. Ottenuti gli angoli andranno fissate le varie parti alle linguette bianche. Gli schemi forniti nelle varie pagine vi aiuteranno senz'altro a comprendere come procedere nell'assemblaggio. Una volta montata la struttura aggiungete tutti i particolari come finestre, porte, abbaini e rientranze. Infine, per stabilizzare il tutto, disegnate una base dalla larghezza appena superiore a quella dell'edificio. Potrete colorare la parte visibile di questa base in color terra e l'edificio sarà pronto. Per alberi e vegetazioni procedete nella solita maniera dei soldatini bidimensionali. Altrimenti potrete usare più volte lo stesso disegno per creare alberi su tre o anche quattro facce in perfetto stile 3D!

Engrave and cut - Incidi e taglia

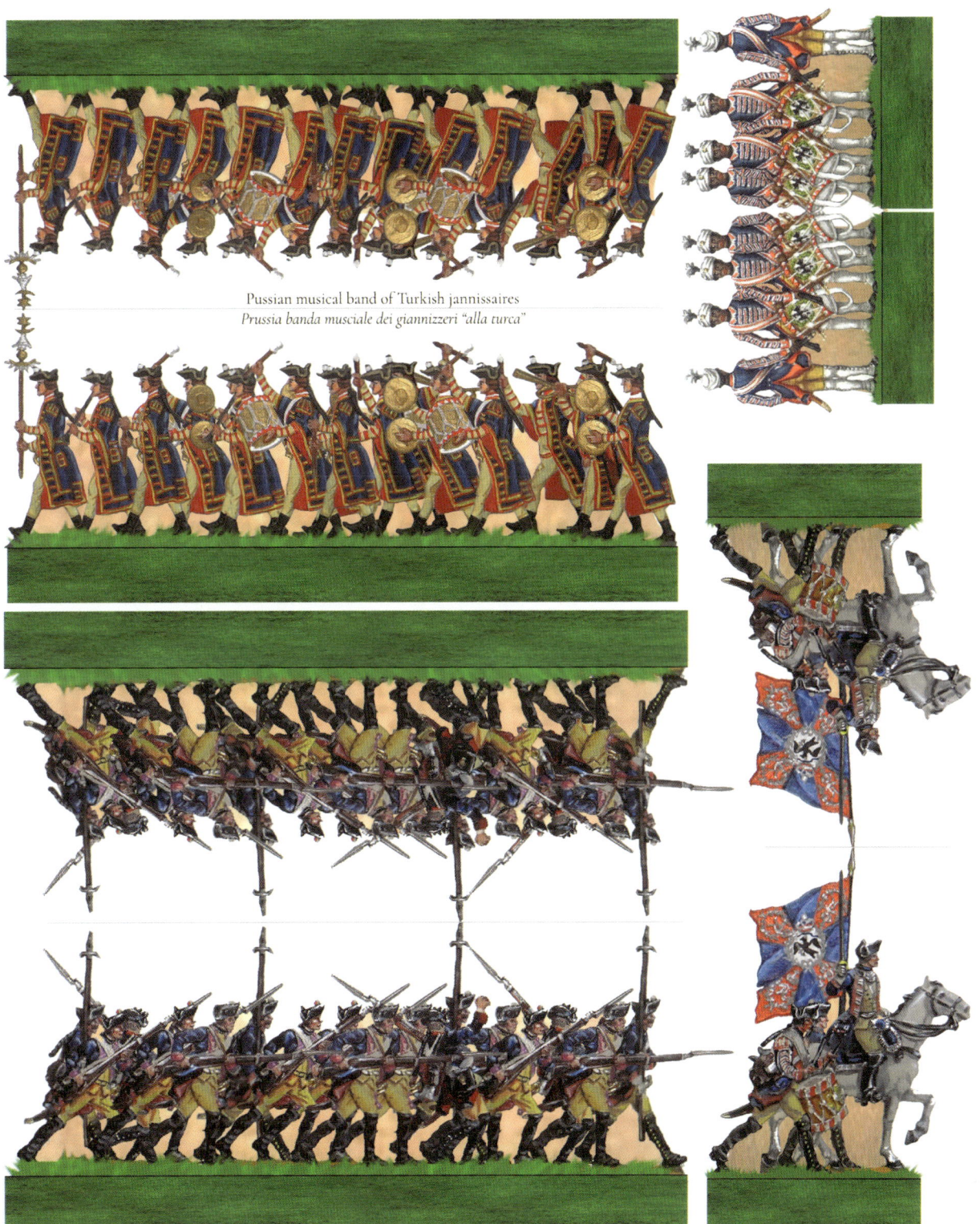

Pussian musical band of Turkish jannissaires
Prussia banda musicale dei giannizzeri "alla turca"

Pussian infantry 18 reg Musketeers
Prussia 18° reg. fanteria moschettieri

THE SEVEN YEARS' WAR ERA (1756-1763)
L'EPOPEA DELLA GUERRA DEI SETTE ANNI

The Seven Years' War was a global conflict that took place between 1756 and 1763, arising largely from issues left unresolved by the 1740 to 1748 War of the Austrian Succession. The first was colonial rivalries between Britain and France, particularly in North America and India. The other was a struggle for supremacy between Prussia and Austria, which wanted to regain Silesia after it was captured by Prussia in the previous war.
In a realignment of traditional alliances, known as the 1756 Diplomatic Revolution, Prussia became part of a coalition led by Britain, which included its long-time competitor, Hanover. At the same time, Austria ended centuries of conflict by allying with France, along with Saxony, Spain, Sweden, and Russia, until 1762. Portugal became involved when it was attacked by Spain in 1762, while some smaller German states either joined the war, or supplied mercenaries.
Although Anglo-French skirmishes over their American colonies had begun in 1754, with what became known in the United States as the French and Indian War, the large-scale conflict that drew in most of the European powers was centered on Austria's desire to recover Silesia from Prussia. Churchill defined the conflict as the first real world war. The seven-year war was in fact fought not only on European territory but also in the Americas, Asia and

La guerra dei sette anni si svolse tra il 1756 e il 1763 coinvolgendo tutte le principali potenze europee dell'epoca. Gli opposti schieramenti vedevano da un lato l'alleanza composta da Regno di Gran Bretagna, Regno di Prussia, Elettorato di Hannover, altri Stati minori della Germania nord-occidentale e, dal 1762, il Regno del Portogallo. Sul fronte opposto stava la coalizione composta da Regno di Francia, Impero asburgico, Elettorato di Sassonia e altri Stati dell'impero, Impero russo, Svezia e, dal 1762, anche la Spagna. Francesi e britannici fecero anche ricorso a truppe arruolate tra le popolazioni native dell'India e dell'America settentrionale.
Churchill, definì il conflitto come la prima vera guerra mondiale. La guerra dei sette anni fu infatti combattuta non solo sul territorio europeo ma anche nelle Americhe, in Asia e in Africa occidentale, dove Francia, Gran Bretagna e Spagna avevano i loro possedimenti coloniali. A differenza delle precedenti guerre di successione del XVIII secolo, il conflitto ebbe caratteri tipici della guerra moderna, anticipatori di quelle napoleoniche e del XIX e XX Secolo. Le parti in conflitto si trovarono infatti ad impegnare completamente le proprie risorse. Oltre alla mera occupazione di territori, furono obiettivi primari la distruzione degli eserciti nemici e il dominio commerciale, cui miravano in special modo Gran Bretagna e Francia con la lotta sui mari e nelle colonie.

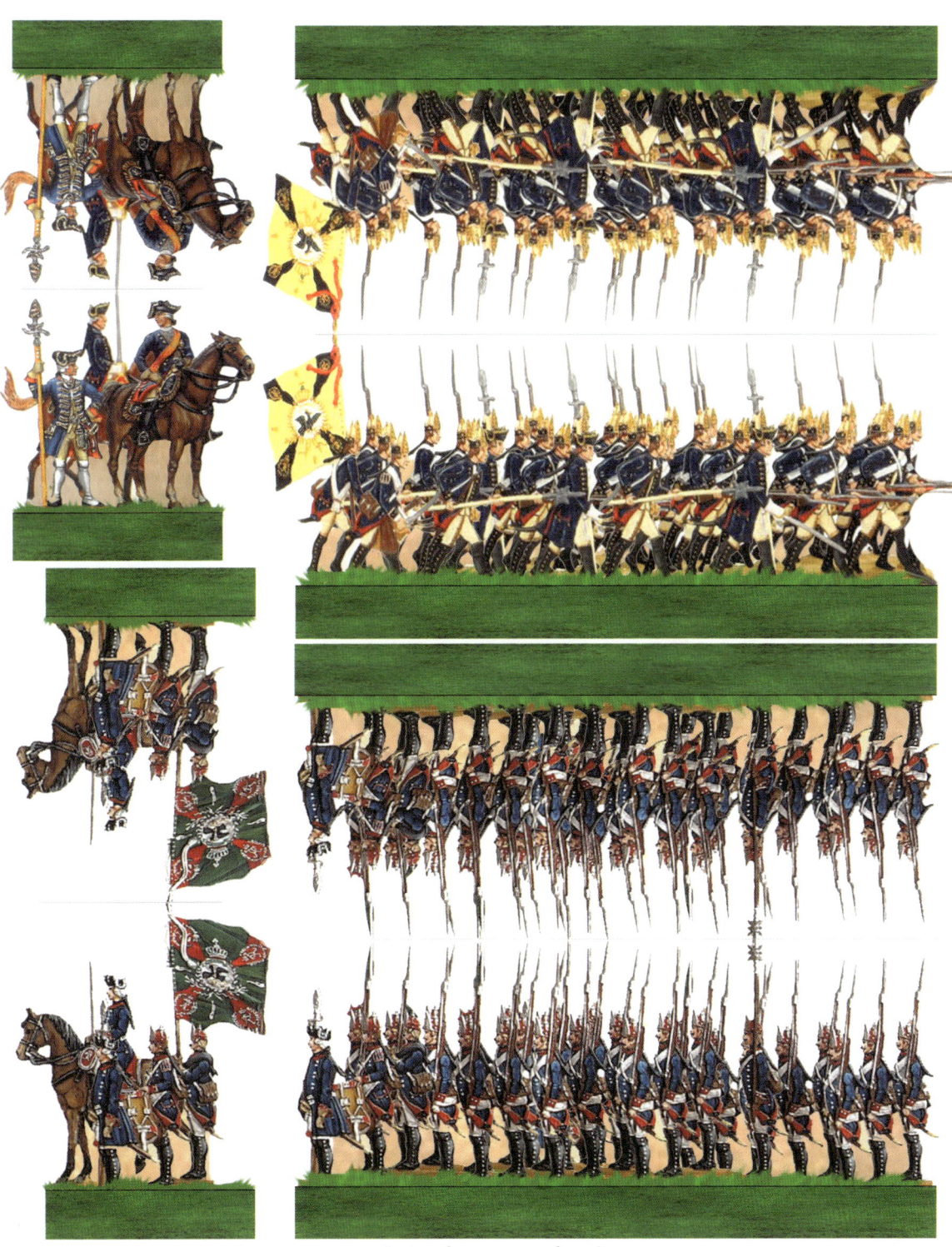

Pussian infantry regiments of grenadiers
Prussia reggimenti di fanteria: granatieri

West Africa, where France, Great Britain and Spain had their colonial possessions.

The Anglo-Prussian coalition prevailed, and Britain's rise among the world's predominant powers destroyed France's supremacy in Europe, and Prussia confirmed its status as a great power challenging Austria for dominance within Germany, thus altering the European balance of power.

Great Britain was the power that gained most from the conflict. He obtained the control of Canada and all the French colonies located east of the Mississippi River as well as various other territories in India, in the Caribbean in Africa, while Spain was forced to loss the Florida colony; the war marked the definitive decline of French colonialism in North America, making Britain the principal maritime and colonial power. The course of the conflict also confirmed the important role that the Russian Empire had assumed in European politics.

RULES FOR THE GAME OF THE SEVEN YEARS' WAR 1756-1763

The soldiers: those provided in our book are in a 25/28 mm (1/72) scale. You can play wargames with soldiers of different sizes. The choice depends on the player's preferences: the bigger the miniature, more details are required. The scales usually used for wargame are: 15 mm, 20 mm and 25/28 mm. Acting on the scale of the copier you can easily set the figures in the other sizes of 20 mm or 15 mm. The toy soldiers are placed on bases of 4, 8 or 12 cm. In some cases they are on a base of 2 cm(crews of guns, tank drivers, etc.) while rarely they stay on a base of 6 cm. If you choose different measures, make sure to calculate the size indicated in the rules accordingly.

Each 8 cm cavalry base includes 4 to 6 units (toy soldiers). The command base includes 1 or 2 units. Each 12 cm long infantry base counts from 12 to 25 units. The infantry base generally has 4 units. Commanders and single flags count one unit. Each artillery base has one gun and 3 to 5 units. The same applies to wagons.

Formations:

There are only two formations for regular infantry - line and column. The names of these formations can be very confusing for some people. A good tip & tricks are named the formations "firing line" (like a firing squad), and "marching column." Lines may be single or double rank, and may bend. Columns are single company. Units may change formation at the start or end of their movement, but can only change formation once per turn. Cannons units don't have formations.

La guerra si concluse con la stipula di una serie di paci separate tra i vari contendenti. La Gran Bretagna, fu la potenza che guadagnò maggiormente dal Conflitto. Ottene la cessione dell'odierno Canada e delle colonie francesi poste a oriente del fiume Mississippi oltre a vari altri territori in India, nei Caraibi in Africa, mentre la Spagna fu costretta a cedere la colonia della Florida; la guerra segnò il definitivo tramonto del colonialismo francese in America settentrionale, rendendo di fatto la Gran Bretagna principale potenza marittima e coloniale. La Prussia di Federico II ottenne alcuni importanti guadagni politici: il conflitto confermò la cessione ai prussiani della ricca provincia della Slesia, già ottenuta nel corso della precedente guerra di successione austriaca, e sancì l'affermarsi della Prussia come grande potenza continentale in Europa. L'andamento del conflitto confermò anche il ruolo rilevante che nella politica europea aveva oramai assunto l'Impero russo.

REGOLE PER IL GIOCO DELLA GUERRA DEI SETTE ANNI 1756-1763

I soldatini: quelli forniti nel nostro libro sono nella scala in 25/28mm (1/72). A wargame si può giocare con soldatini di diverse dimensioni. La scelta, ovviamente, dipende dai gusti del giocatore: più la miniatura è grande e maggiori sono i dettagli richiesti. Le scale solitamente usate per il wargame sono: il 15mm, il 20mm, il 25/28mm. Agendo sulla scala della fotocopiatrice potrete facilmente quindi scalare le figura anche nelle altre misure di 20 o 15mm. I soldatini sono posti su basi di 4, 8 o 12 cm. In alcuni casi sono su base di 2 (equipaggi dei cannoni, conducenti carri ecc.) in altri rari casi su basi di 6 cm. Nel caso scegliate misure diverse, calcolate le misure indicate nelle regole di conseguenza. Ogni base di cavalleria 8cm conta da 4 a 6 unità (soldatini). La base comando 1 o due unità. Ogni base di fanteria lunga 12cm conta da 12 a 25 unità. La base comando di fanteria generalmente su 4 unità. Comandanti e bandiere singole contano una unità. Ogni base di artiglieria conta un cannone e da 3 a 5 unità. Idem per i carriaggi.

Formazioni:

Ci sono solo due formazioni per la fanteria di linea: in linea o in colonna. I nomi di queste formazioni possono confondere qualcuno meno esperto. Un buon trucco che permettere di capire meglio è definirli: formazioni "linea di fuoco" e formazioni "colonna in marcia". Le linee possono essere a fila singola o doppia e possono piegarsi. Le colonne sono una singola fila. Le unità possono cambiare formazione all'inizio o alla fine del loro movimento, ma possono cambiare formazione solo una volta per turno.

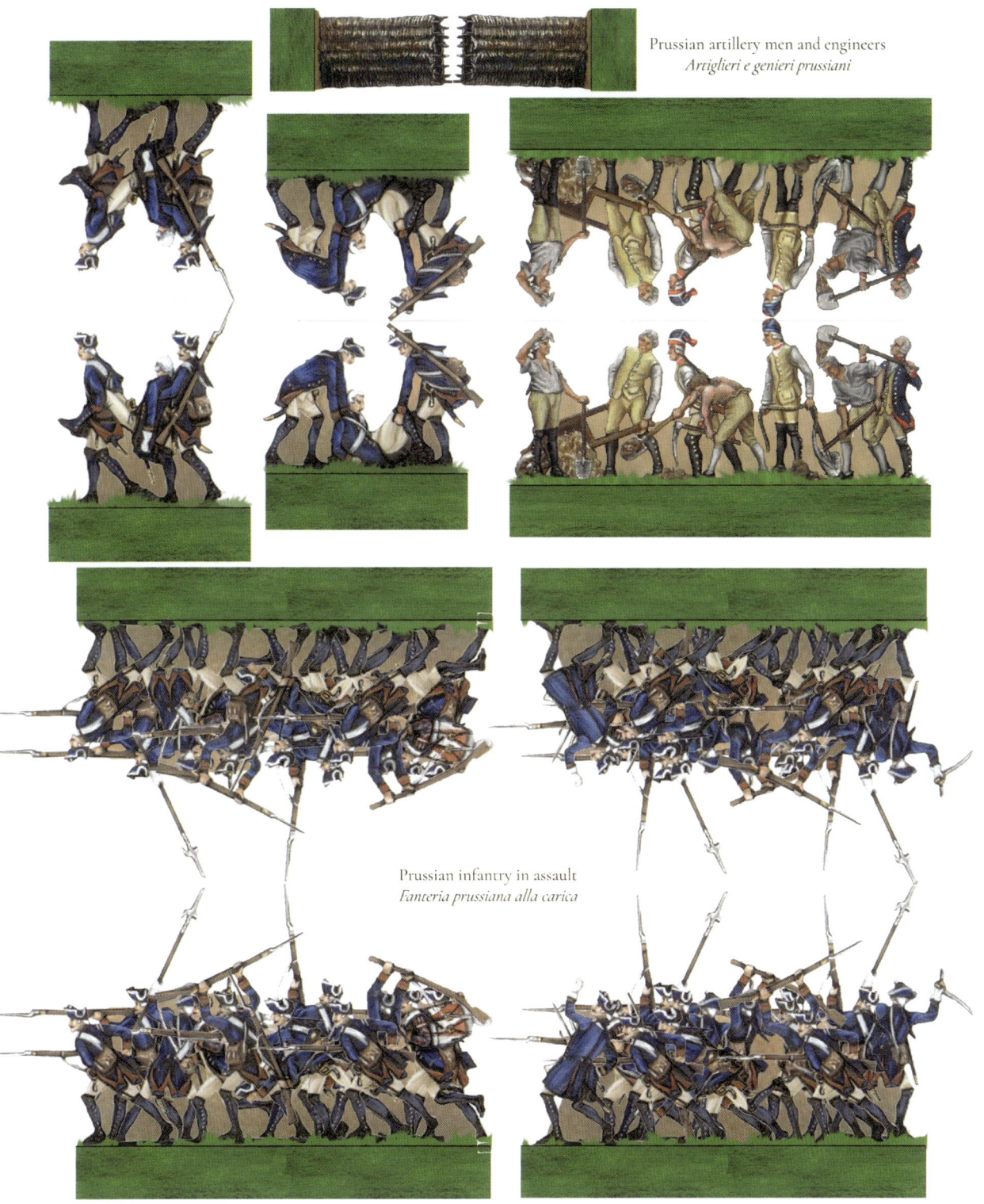

Prussian artillery men and engineers
Artiglieri e genieri prussiani

Prussian infantry in assault
Fanteria prussiana alla carica

Deployment:

The armies of the time generally sided with infantry in the middle and cavalry on their wings. The artillery cannons were placed in the front line and also around the regimental formations.

With the term **Pru-UK** we refer to the Anglo Prussian side, **Fra-Aus-Rus** the opposing side to refer also to all their allies.

Game sequence:

Roll of dice to know who has the right to move first. Only six-sided dice are used in the game.

1. Prussians Move
2. Prussians Shoot
3. Austrians Move
4. Austrians Shoot
5. Charges
6. Melees

Movement:

Regular Infantry can move 15 cm (6") if they are in line formation or 25 cm (10") if they are in column formation. Cavalry and Commanders may move 30 cm (12"). Cannons can move 30 cm (12") but may not fire on a turn when it was moved. A cannon which has moved and cannot fire should point away from the enemy. Cannons can pivot in place during movement and still fire. Units may not move within 2,5 cm (1") of an enemy unit except when charging. Cavalry can not move into the woods or built up areas.

Fire:

Infantry that are in line formation and artillery that didn't move this turn may fire. Range is measured from the center of a unit to the nearest part of the target unit. Units may only fire to the front and may not fire through narrow gaps between friendly units.

Cannon can fire over the heads of friendly infantry if the friendly infantry are closer to the cannon than the enemy targeted. Roll one die per infantry base or four dice per cannon. The chart indicates the number needed for a hit. Remove one base for each hit rolled by the firing unit. It takes three hits in the same turn to remove a cannon. Note that you only use the 1" firing column when shooting at a charging unit. If a unit is reduced to a single surviving base then the last base is immediately removed. Units in column are good targets. Roll two extra dice when shooting at columns. Targets in the woods or built up areas receive protection from enemy fire. Units in the woods that are shot at by enemy infantry get saving throws. Roll 1D6 for each hit, ignore the hit if the saving roll is a 5 - 6. There are no saves against cannon fire

Dispiegamento:

Gli eserciti dell'epoca si schieravano generalmente con la fanteria al centro e la cavalleria sulle ali. I cannoni erano posizionati in prima linea e anche attorno alle formazioni reggimentali. Col termine **Pru-UK** facciamo riferimento alla schieramento anglo prussiano, **Fra-Aus-Rus** lo schieramento avversario a fare da riferimento anche a tutti i loro alleati.

Sequenza di gioco:

Lancio di dadi per sapere chi ha il diritto a muovere per primo. Nel gioco vengono utilizzati solo dadi a sei facce.

1. Movimento delle truppe Pru-UK
2. Le truppe Pru-UK fanno fuoco
3. Movimento delle truppe Fra-Aus-Rus
4. Le truppe Fra-Aus-Rus fanno fuoco
5. Cariche
6. Mischia

Movimento:

La fanteria di linea può muovere di 15 cm (6 ") se in linea o di 25 cm (10") se posta in colonna. Cavalleria e comandanti possono muovere di 30 cm (12 "). I cannoni possono muoversi di 30 cm (12 ") ma non possono sparare in un turno quando vengono mossi. I cannoni possono ruotare in posizione durante il movimento e sparare ancora. Le unità non possono muoversi in un raggio di 2,5 cm (1 ") da un'unità nemica, tranne quando caricano. La cavalleria non può muoversi nei boschi o nelle aree edificate.

Fuoco:

La fanteria in formazione di linea e l'artiglieria che non si è mossa in un turno possono sparare. Il raggio viene misurato dal centro di un'unità alla parte più vicina dell'unità bersaglio. Le unità possono sparare solo in avanti e non possono sparare attraverso spazi ristretti tra unità amiche. I cannoni possono sparare sopra le teste delle proprie fanterie a meno che le unità siano più vicine al bersaglio che al cannone che fa fuoco.

Tira un dado per base di fanteria o quattro dadi per cannone. Nella tabella a Pag. 18 sono riportati i valori necessari. Rimuovi una base per ogni colpo andato a segno. Ci vogliono tre colpi utili nello stesso turno per rimuovere un cannone. Se un'unità viene ridotta a una singola base, questa base viene immediatamente rimossa. Le unità poste in colonna sono ottimi obiettivi. Lancia due dadi extra quando spari alle colonne. I bersagli nei boschi o nelle aree costruite ricevono protezione dal fuoco nemico: le unità nei boschi colpite dalla fanteria nemica possono fare tiri salvezza. Tira 1 dado per ogni colpo, ignora il colpo se il tiro salvezza è 5 - 6. Non ci sono protezioni contro il fuoco dei cannoni all'interno del bosco. Le unità nelle aree costruite sono invece protette dalla fanteria e dal fuoco

from within the woods. Units in the built up areas are protected from infantry and cannon fire. Roll 1D6 for each hit, ignore the hit if the saving roll is a 5 - 6. Cannons and cavalry are not allowed into the woods.

Charges:

Both units (infantry & cavalry) may charge during the charge phase. Cavalry can charge 30 cm (12"), infantry can charge 15 cm (6"). Cannons do not charge. A unit may not declare a charge unless it is in line formation and can reach an enemy unit.. A player may measure to see if a unit is within charge range. One enemy unit must be chosen as the target of the charge. A unit that wishes to charge must first pass a morale check. If the unit fails moral nothing happens, it cannot charge this turn. If the unit passes its morale check then the target must pass a morale check. If the target fails it loses one base and immediately retreats 30 cm (12"), the charging unit is moved into the position vacated by the retreating target unit. If artillery is the target and it fails morale it is eliminated. If the target passes the morale check it has the option of firing at the chargers or counter charging. If the unit counter charges the two units meet in the middle and fight a melee. If the target decides to fire at the chargers it does so at a range of 15 cm (6"). If the charging unit survives the fire it moves into contact with the target and they fight a melee. If a unit has to take a morale check Roll one die and add any modifiers. If the roll is less than or equal to the number of bases (plus a commander if one is present), then it has passed. If the role is greater then it fails. Cannons pass on a roll of four. If the target is a Guard's unit or cavalry calculate a -1 to dice result.

Melee:

If a charging unit contacts an enemy unit there will be a melee. Each side rolls a die and applies the modifiers on chart at pag. 18. High roll wins. The loser removes a stand and retreats 30 cm (12"). If the roll is a tie each side removes a stand and rolls again. A cannon counts as three bases in melee.

Commanders:

A Commander may join or leave one of his units during movement. This unit gets a +1 bonus on all melee rolls and the officer counts as a base when testing morale. Every time a unit with an attached commander is completely eliminated by enemy fire (last base removed), or is engaged in a melee (win or lose) roll one die. If the roll is a 6 the commander is a casualty and is removed from play. This is the only way a commander can be eliminated.

dei cannoni. Tira 1 dado per ogni colpo, ignora il colpo se il tiro salvezza è un 5 - 6. Cannoni e cavalleria non sono ammessi nei boschi.

Cariche:

Sia la fanteria che la cavalleria possono caricare durante la fase di carica. La cavalleria può caricare entro 30 cm (12 "), la fanteria può caricare entro 15 cm (6"). I cannoni non caricano. Un'unità non può dichiarare una carica a meno che non sia in linea e si trovi nel raggio di un'unità nemica. Un giocatore può verificare se si trova nel raggio di carica. Un'unità nemica deve essere scelta prima come bersaglio della carica. Un'unità che desidera caricare deve prima passare un controllo del morale. Se l'unità fallisce il morale non succede nulla ma non può caricare nel turno. Se l'unità passa il controllo del morale, il bersaglio deve a sua volta passare un controllo del morale. Se il bersaglio fallisce perde una base e si ritira di 30 cm (12 "), l'unità che carica occupa la posizione lasciata libera dall'unità in ritirata. Se una unità di artiglieria è il bersaglio e fallisce il morale viene eliminata. Se il bersaglio supera il controllo del morale ha la possibilità di sparare a chi carica o di fare una contro carica! Se si opta per una contro carica le due unità si incontrano e combattono una mischia. Se il bersaglio decide invece di sparare ai caricanti, lo fa a calcolando gli effetti di una distanza di 15 cm (6 "). Se l'unità che carica sopravvive al fuoco nemico i due avversari combattono una mischia. Per fare un controllo morale, tira un dado e aggiungi eventuali valori di modifica. Se il tiro è inferiore o uguale al numero di basi impegnate (più un comandante se presente), allora il morale è passato. Se tiro del dado è maggiore, allora fallisce. I cannoni passano un tiro di quattro. Se il bersaglio è un'unità della Guardia o di cavalleria calcolare un risultato di -1 per calcolare il morale..

Mischia:

Se un'unità in carica il nemico si ha una mischia. Ogni giocatore lancia un dado e applica i valori in tabella a pag. 18. Vince il tiro più alto. Il perdente rimuove un supporto e si ritira di 30 cm (12 "). Se il tiro è un pareggio, ogni giocatore rimuove un supporto e tira di nuovo il dado. Un cannone conta come tre basi in mischia.

Comandanti:

Un comandante può unirsi o lasciare una delle sue unità durante il movimento. Questa unità ottiene un bonus di +1 su tutti i tiri di mischia e l'ufficiale conta come base quando prova il morale. Ogni volta che un'unità con un comandante viene attaccato e viene poi completamente eliminata dal fuoco nemico (ultima base rimossa), o viene ingaggiata in una mischia (vinci o perdi) tira un nuovo dado. Se il tiro è 6, il comandante è colpito e viene rimosso dal gioco. Questo è l'unico modo per eliminare un comandante.

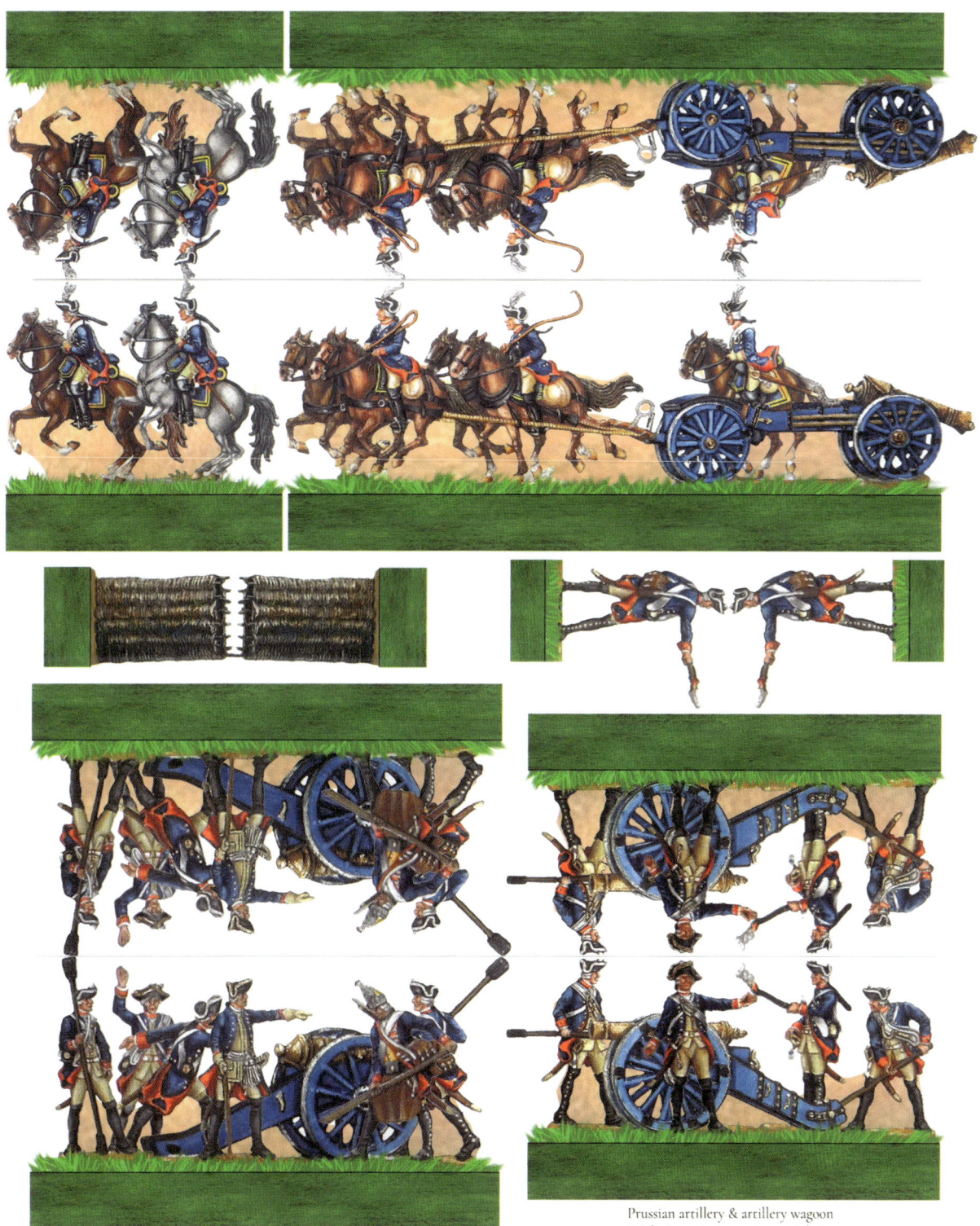

Prussian artillery & artillery wagoon
Ariglieri prussiani e carri per artiglieria

WARGAME TABLES

Movements overview	
Unit	Movement
Cavalry and Commanders	30 cm (12")
Infantry in line	15 cm (6")
Infantry in column	25 cm (10")
Cannons	30 cm (12")
Cannons cannot shoot if they move	

Shooting range overview			
Unit	Range	Dice per Stand	To Hit
Infantry & Cavalry	Just 15 cm (6")	1	5 or 6
Infantry	Just to 30 cm (12")	1	6
Cannons	Just 15 cm (6")	4	4, 5 or 6
Cannons	Just to 30 cm (12")	4	6
If the target is in column add two dice			

Melee die roll modifiers	
Unit	
Defending built area, More stands than opponent	+1
Commanders, Guard infantry, cavalry	+1
Cannon or column formations	-1

Bibliography and web sources:

- Rossbach and Leuthen 1757 by Simon Millar, Osprey Campaign
- L'esercito prussiano di Federico il Grande - Luca Cristini Soldiershop Bergamo 2017

Alternative Italian and English rules:

Honours of War. Wargame Rules for the Seven Years War, from Osprey Publishing

-Warfare in the Age of Reason- 3rd Edition: Miniature Rules for the 18th Century from Marlborough to Washington, Caliver B.

TABELLE WARGAME

Riepilogo movimenti	
Unità	Movimenti
Cavalleria e comandanti	30 cm (12")
Fanteria in linea	15 cm (6")
fanteria in colonna	25 cm (10")
Cannoni	30 cm (12")
I cannoni in movimento o spostamento non sparano	

Riepilogo tiro-fuoco			
Unità	Distanza	Dado da sei	Colpito con
Fanteria e Cavalleria	fino a 15 cm (6")	1	5 o 6
Fanteria	fino a 30 cm (12")	1	6
Cannoni	fino a 15 cm (6")	4	4, 5 o 6
Cannoni	fino a 30 cm (12")	4	6
Se il bersaglio è una colonna di fanteria raddoppiare il tiro dei dadi			

Riepilogo mischia - modifiche al risultato dei dadi	
Unità	
Difensori in edifici, maggiori unità dell'avversario	+1
Comandanti, Guardia o cavalleria	+1
Cannoni o formazioni in colonna	-1

Bibliografia e risorse web

- Rossbach and Leuthen 1757 by Simon Millar, Osprey Campaign
- L'esercito prussiano di Federico il Grande - Luca Cristini Soldiershop Bergamo 2017

Regole alternative in italiano e inglese:

Honours of War. Wargame Rules for the Seven Years War, edito da Osprey Publishing

-Warfare in the Age of Reason- 3rd Edition: Miniature Rules for the 18th Century from Marlborough to Washington, Caliver Book.

-Smooth & Rifled (in italiano), copre il periodo dal 1700 al 1900, pubblicato da Dadi e Piombo e acquistabile on line

Prussian artillery & artillery wagoon
Ariglieri prussiani e carri per artiglieria

PRUSSIAN AND ENGLISH ARMY LIST AND COMMENTS
GLI ESERCITI PRUSSIANI, INGLESI E DI HANNOVER NEL 1756-1763

THE BLACK EAGLE OF PRUSSIA

"The crown is just a hat that lets the rain pass"

Frederick II the Great was one of the most complex figures of all time. Depending on the situations in which he was protagonist, he could be brutally aggressive or, on the contrary, deeply contemplative; however, all his life he was always torn between the lust for power and the intimate love, transmitted by his mother, for a quiet intellectual life. His military genius is what most of all transmitted him to history, but he was this and much more. A historian, philosopher, poet and musician of a certain depth. However, much of his time, Federico dedicated him to strengthening and enlarging the state inherited from his father, Prussia. And to do so he equipped himself, or rather brought to his maximum efficiency, that good army that his father
Frederick William I, the famous king sergeant had passed on to him. And Frederick, unscrupulous of any kind in the political field (the brigand of Potsdam called him

L'AQUILA NERA DI PRUSSIA

"La corona è soltanto un cappello che lascia passare la pioggia"

Federico II il Grande fu una delle figure più complesse di tutti i tempi. A seconda delle situazioni che lo hanno visto protagonista, egli poteva essere brutalmente aggressivo o al contrario profondamente contemplativo; comunque per tutta la vita fu sempre combattuto fra la brama di potere e l'intimo amore, trasmesso dalla madre, per una tranquilla vita intellettuale. Il suo genio militare è quello che più di tutto l'ha trasmesso alla storia, ma egli fu questo e molto di più. Storico, filosofo, poeta e musicista di un certo spessore. Tuttavia molto del suo tempo, Federico lo dedicò al rafforzamento e all'ingrandimento dello stato ereditato da suo padre, la Prussia. E per farlo si dotò, o meglio portò alla sua massima efficienza quel buon esercito che il padre
Federico Guglielmo I, il famoso re sergente gli aveva trasmesso. E Federico, privo di scrupoli di qualsiasi tipo in campo politico (il brigante di Potsdam lo chiamava con

Prussian artillery & universal artillery wagoon
Ariglieri russiani e carri per artiglieria universali

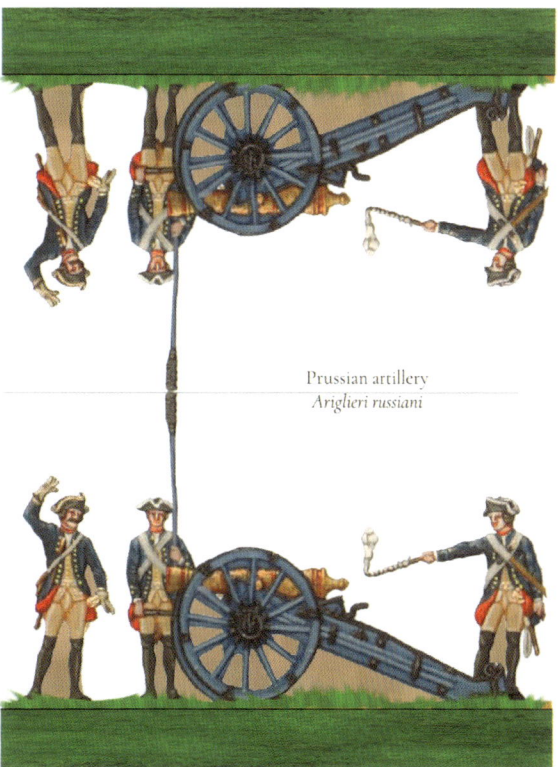

Prussian artillery
Ariglieri russiani

with quite a few reasons, the Empress Maria Theresa), to achieve all his goals he made extensive use of the beautiful war machine at his disposal and that he helped to bring to the highest levels, the Prussian army precisely. A small state, divided into a myriad of unconnected possessions, inhabited by only 2,200,000 inhabitants but endowed with an army that would number up to 200,000 soldiers, 10% of the population.

And with this "tool", Federico goes to war.

He began immediately, as soon as he was made king, with the two Silesian wars, when the young sovereign amazed the whole old continent with surprising military victories, often achieved in a more or less large numerical inferiority. However, Frederick and his army reached the peak of his glory with the Seven Years' War, during which Prussia was virtually alone on the continent against the greatest European powers of the time: Austria, Russia and France. That is to say, he finds himself against forces immeasurably superior to his own. But it is precisely in this context that Frederick's military genius is at its best. The victories of Rossbach, Leuthen, Torgau, etc. are still today an academy for scholars of tactics and strategy.

THE PRUSSIAN ARMY

In 1756, when Frederick had his men's boots soaked in Saxon mud, he had an army of 85,00 infantrymen, and another 4,000 in surplus, 30,000 knights and another 3,200 in surplus. 1,700 artillerymen with 120 heavy cannons and another 250 campaign pieces as well as another 20,000 men in the military garrisons. The king will use these men relentlessly to achieve his purposes. At the end of the war there will be very few surviving veterans. In 1763, 180,000 men and 60,00 prisoners were lost on the Austrian front alone. Prussia also lost 204 banners, 52 flags and over 400 cannons to the Austrian enemy! Obviously, it would cause much greater losses, but to armies that could boast much stronger reserves than those of the small Prussian state.

This modern army at the end of the Federicians' conflicts will be

Artillery gun base
Basi per pezzi d'artiglieria

non poche ragioni, *l'imperatrice Maria Teresa*), per raggiungere tutti i suoi scopi fece ampio uso della bellissima macchina da guerra di cui disponeva e che egli contribuì a portare ai massimi livelli, l'esercito prussiano appunto. Un piccolo stato, frazionato in una miriade di possedimenti tutti scollegati fra loro, abitato da solo 2.200.000 abitanti ma dotato di un'armata che arriverà a contare fino a 200.000 soldati, il 10% della popolazione.

E con questo "arnese", che Federico va alla guerra.

Comincia subito, appena fatto re, con le due guerre di Slesia, quando il giovane sovrano stupì tutto il vecchio continente con sorprendenti vittorie militari, spesso conseguite in una più o meno ampia inferiorità numerica.

L'apice della gloria però Federico e il suo esercito lo raggiungono con la guerra dei sette anni, durante la quale la Prussia è sul continente praticamente sola contro le più grandi potenze europee del tempo: l'Austria, la Russia e la Francia. Si trova cioè contro forze immensamente superiori alle sue. Ma è proprio in questo contesto che il genio militare federiciano dà il meglio di sé. Le vittorie di Rossbach, Leuthen, Torgau ecc. sono ancora oggi accademia per gli studiosi di tattica e strategia.

L'ARMATA PRUSSIANA

Nel 1756, quando Federico fa inzuppare gli stivali dei suoi uomini nel fango sassone, dispone di un'armata di 85.00 fanti, e di altri 4.000 in soprannumero, 30.000 cavalieri e altri 3.200 in soprannumero. 1700 artiglieri con 120 cannoni pesanti e altri 250 pezzi da campagna oltre ad altri 20.000 uomini nelle guarnigioni militari. Il re userà questi uomini senza parsimonia per raggiungere i suoi scopi. Alla fine della guerra i veterani ancora in vita saranno pochissimi. Nel 1763, solo sul fronte austriaco le perdite patite furono di 180.000 uomini e 60.00 prigionieri. Sempre nei confronti del nemico austriaco, la Prussia perderà anche 204 stendardi, 52 bandiere e oltre 400 cannoni! Ovviamente arrecherà perdite assai più consistenti ma ad eserciti che potevano vantare riserve assai più robuste di quelle del piccolo stato prussiano.

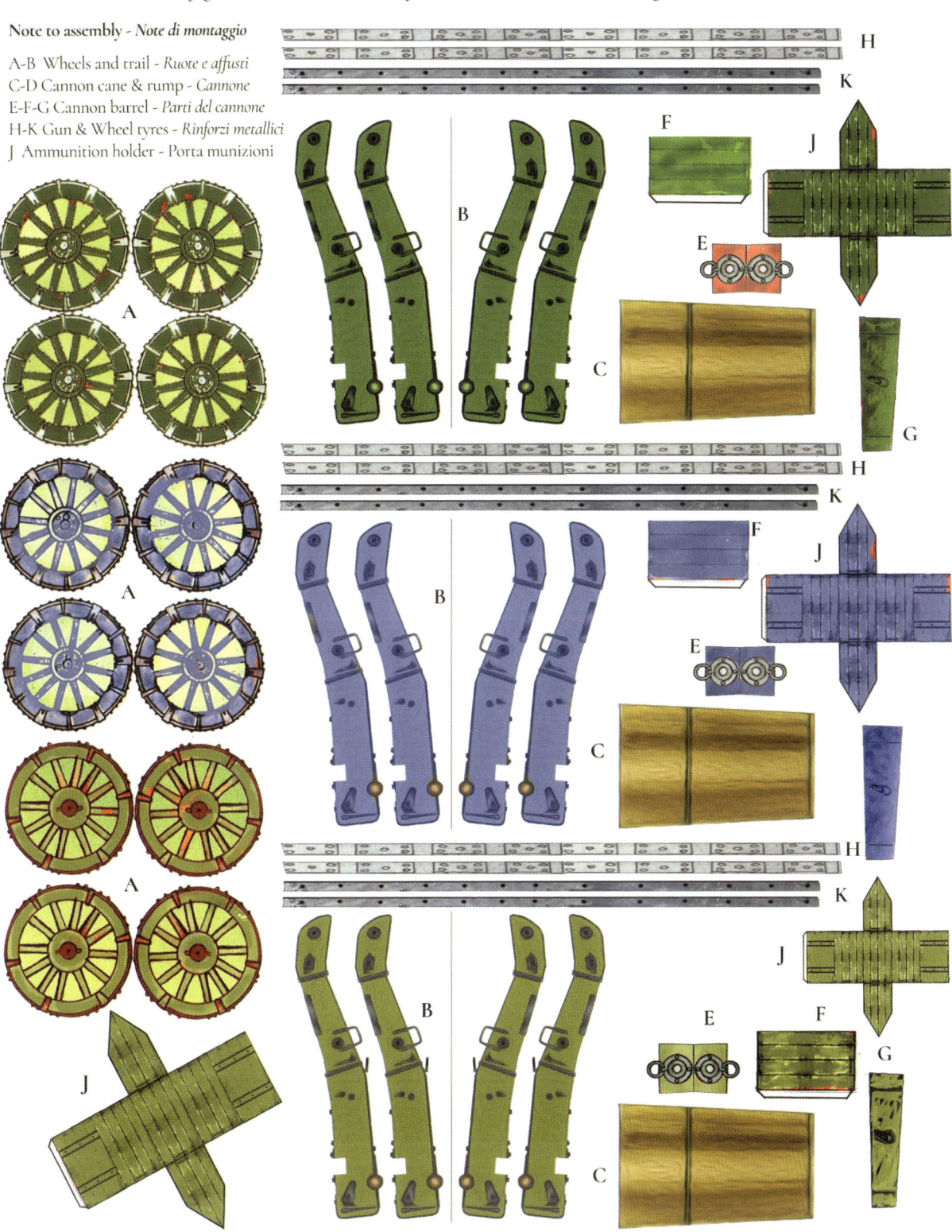

imitated by all the European states, both among the old allies and among the irresolute adversaries.

As far as troop soldiers were concerned, the Prussian army relied partly on the natives and partly on mercenaries. According to the cantonal system put in place by Frederick William I between 1727 and 1735, each regiment was assigned a specific geographical area to recruit its garrison in peacetime. The proportion of indigenous recruits compared to mercenary troops was approximately one third. Foreign elements were specially recruited by officers sent around Europe, but mainly from neighbouring German-speaking states. It also happened that the Prussian army, as in 1756, also recruited captive soldiers from previous campaigns. However, mercenaries of any kind were expensive and sometimes proved unreliable and ready to desertion at the first good opportunity.

Once they reached their regiment, the recruit was accompanied by an old soldier for about a year. He had the task of leading the would-be soldier through a long and hard military life in the Prussian army. The pay was two thalers a month, subject to deduction for food, bread and meat. During the military campaigns the soldiers stayed in tents in number of seven where, in turn, we divided up on the various tasks assigned to them: cooking, providing wood for the fire, cleaning the tent, etc.. six months of the year were spent on training.

Order of battle of the war
Commander in Chief: Frederich II the Great

Infantry
In December 1755, the line infantry counted 84,284 men in 99 battalions (including 2 battalions of pioneers and 2 of field artillery), more precisely (including supernumeraries and excluding junior staff and surgeons):

2,501 officers
5,844 NCOs
2,096 drummers and fifers
73,843 privates

Formed by 34 musketeer regiments, 16 fusilier regiments from 33, 35 to 49). 23 grenadier battalion and other 6 standing (Garrison) grenadier battalion. 10 adding Saxon regiment incorporated in the prussian army more 5 Saxon garrison grenadier battalion.
From the Hereafter regiments are designated by the name of their chief in 1756, changes during the war.

Garrison troops
In December 1755, the garrison troops counted 21,289 men in 26 battalions (including the New Garrison Regiment and Garrison Artillery), more precisely (including supernumeraries and excluding junior staff and surgeons):

610 officers
1,488 NCOs
458 drummers and fifers
18,733 privates (including carpenters)

Questo moderno esercito alla fine dei conflitti federiciani verrà imitato da tutti gli stati maggiori europei sia fra gli antichi alleati che fra gli irresoluti avversari.

Per quanto riguarda i militari di truppa, l'esercito prussiano faceva affidamento in parte sui nativi e in parte sui mercenari. Secondo il sistema cantonale messo in opera da Federico Guglielmo I fra il 1727 e il 1735, a ogni reggimento era assegnata una specifica area geografica dove attingere al reclutamento della propria guarnigione in tempo di pace. La proporzione delle reclute indigene rispetto alle truppe mercenarie era all'incirca di un terzo. Gli elementi stranieri erano appositamente reclutati da ufficiali addetti mandati in giro per l'Europa, ma principalmente presso i vicini stati di lingua tedesca. Accadde anche che l'esercito prussiano assoldasse, come nel 1756, soldati prigionieri da precedenti campagne. Tuttavia i mercenari, costavano cari, spesso inaffidabili e pronti alla diserzione alla prima buona occasione.

Una volta raggiunto il proprio reggimento, alla recluta veniva affiancato un vecchio soldato per circa un anno. Questi aveva il compito di guidare l'aspirante soldato alla vita militare nell'esercito prussiano. La paga era di due talleri al mese, cifra soggetta alla detrazione per il vitto, pane e carne. Durante le campagne militari i soldati stavano nelle tende in numero di sette dove, a turno, si dividevamo sui vari compiti loro assegnati: cucinare, procurare la legna per il fuoco, ripulire la tenda ecc.

Sei mesi all'anno erano spesi per l'addestramento.

Ordine di battaglia della guerra
Comandante in capo: Federico II il Grande

Fanteria
Nel dicembre 1755, la fanteria di linea contava 84.284 uomini su 99 battaglioni (compresi 2 battaglioni di pionieri e 2 di artiglieria da campo), più precisamente (compresi i soprannumerari):

2.501 ufficiali
5.844 Sottufficiali
2.096 musicanti
73.843 truppa

Formato da 34 reggimenti di moschettieri, 16 reggimenti di fucilieri dal 33, 35 al 49). 23 battaglione granatieri e altri 6 battaglioni granatieri (guarnigione). 10 reggimenti sassoni incorporati nell'esercito prussiano e altri 5 battaglioni granatieri sassoni di guarnigione. Nel 1756 reggimenti sono designati con il nome del loro comandante, numerati durante la guerra.

Truppe di guarnigione
Nel dicembre 1755, le truppe di guarnigione contavano 21.289 uomini su 26 battaglioni (compreso il Nuovo Reggimento di guarnigione e l'Artiglieria di guarnigione), più precisamente (compresi i soprannumeri):

610 ufficiali
1.488 Sottufficiali
458 musicanti
18.733 truppa (compresi i carpentieri)

Pussia from left: General, Prinz Heinrich, Frederich the Great, Von Seydlitz, Von Zieten and officers

Pussian officer Staff commander
Prussia ufficiali dello stato maggiore

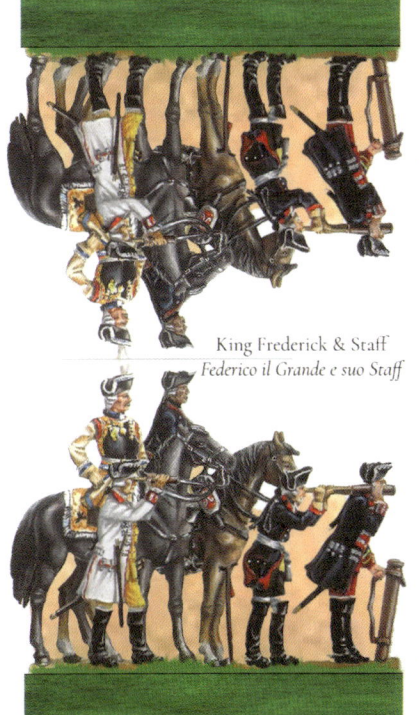

King Frederick & Staff
Federico il Grande e suo Staff

Landwher regiment

In December 1755, the Land regiments counted 4,832 men in 25 companies, more precisely (including supernumeraries and excluding junior staff and surgeons):

- 102 officers
- 264 NCOs
- 66 drummers
- 4,400 privates

Cavalry

In December 1755, the cavalry counted 21,801 men in 61 cuirassier squadrons and 70 dragoon squadrons, more precisely (including supernumeraries and excluding junior staff and surgeons):

- 825 officers
- 1,572 NCOs
- 345 trumpeters and drummers
- 192 farriers
- 18,867 troopers

Cavalry was composed by 13 cuirassier regiments, 12 dragoon regiments and 9 hussar regiments.
In December 1755, the hussars counted 9,248 men in 80 squadrons (excluding the Bosniak Uhlans), more precisely:

- 288 officers
- 640 NCOs
- 80 trumpeters
- 80 farriers
- 8,160 troopers

Artillery

At the outbreak of the Seven Years' War, in 1756, the Field Artillery counted two battalions. The first battalion was stationed in Berlin and the second, in Berlin and Spandau. In August of the same year, the first battalion of field artillery was reinforced with 60 men (10 per company). The arm counted 12 companies organised in 2 battalions, for a total of:

- 53 officers
- 119 NCOs
- 57 musicians
- 164 bombardiers
- 1,330 gunners

Light troops (Freitruppen)

Light troops were necessary for combats in forest and mountainous country, to secure marches, to occupy outposts, and to conduct raids on enemy magazines and lines of communication.

Composed by 14 Frei infantry regiments and the follow Freikorps:

Frei Hussars Fürst Lubomirski, schlesische Freipartei
Volontaires de Prusse (von Trümbach)
    FI I Infantry
    FJ I Jäger (later Corps du Pasquier)
    FD I Dragoons (later Hussars Bequignolles FH I)

Corps von Kleist
    FI II Green Croats (Hungarian Infantry)
    FD II Dragoons (Horse Grenadiers or Volontaires Royaux)
    FH II Frei Hussars (Hussars Jung-Kleist or Volontaires Kleist)
    FL II Frei Lancers
    FJ II Jäger Corps
    Artillery

Reggimenti Landwher

Nel dicembre del 1755, i reggimenti terrestri contavano 4.832 uomini su 25 compagnie, più precisamente (compresi i soprannumeri):

- 102 ufficiali
- 264 sottufficiali
- 66 tamburi
- 4.400 truppa

Cavalleria

Nel dicembre 1755 la cavalleria contava 21.801 uomini su 61 squadroni di corazzieri e 70 squadroni di dragoni, più precisamente (compresi i soprannumeri ed escluso staff e i chirurghi):

- 825 ufficiali
- 1.572 Sottufficiali
- 345 trombettisti e timpanisti
- 192 maniscalchi
- 18.867 truppa

La cavalleria era composta da 13 reggimenti di corazzieri, 12 reggimenti di dragoni e 9 reggimenti di ussari.
Nel dicembre 1755, gli ussari contavano 9.248 uomini in 80 squadroni (esclusi gli ulani bosniaci), più precisamente:

- 288 ufficiali
- 640 Sottufficiali
- 80 trombettisti
- 80 maniscalchi
- 8.160 truppa

Artiglieria

Allo scoppio della Guerra dei Sette Anni, nel 1756, l'Artiglieria da Campo contava due battaglioni. Il primo battaglione era di stanza a Berlino e il secondo a Spandau. Nell'agosto dello stesso anno, il primo battaglione di artiglieria da campo fu rinforzato con 60 uomini (10 per compagnia). L'arma contava 12 compagnie organizzate in 2 battaglioni, per un totale di:

- 53 ufficiali
- 119 sottufficiali
- 57 musicisti
- 164 bombardieri
- 1.330 artiglieri

Truppe leggere (Freitruppen)

Le truppe leggere erano necessarie per i combattimenti nelle foreste e nelle zone montuose, per assicurare le marce, per occupare gli avamposti e per condurre incursioni su depositi e linee di comunicazione nemiche.

Composto da 14 reggimenti di fanteria Frei e dai successivi Freikorps:

Frei Hussars Fürst Lubomirski, schlesische Freipartei
Volontaires de Prusse (von Trümbach)
    FI I Fanteria
    FJ I Jäger (poi Corpo du Pasquier)
    FD I Dragoni (poi Ussari Bequignolles FH I)

Corpo von Kleist
    FI II Croati verdi (Fanteria ungherese)
    FD II Dragoni (Granatieri a cavallo o Volontaires Royaux)
    FH II Ussari Frei (Ussari Jung-Kleist o Volontaires Kleist)
    FL II Frei Lancer
    FJ II Jäger Corps
    Artiglieria

Prussian dragoons
Dragoni Prussiani

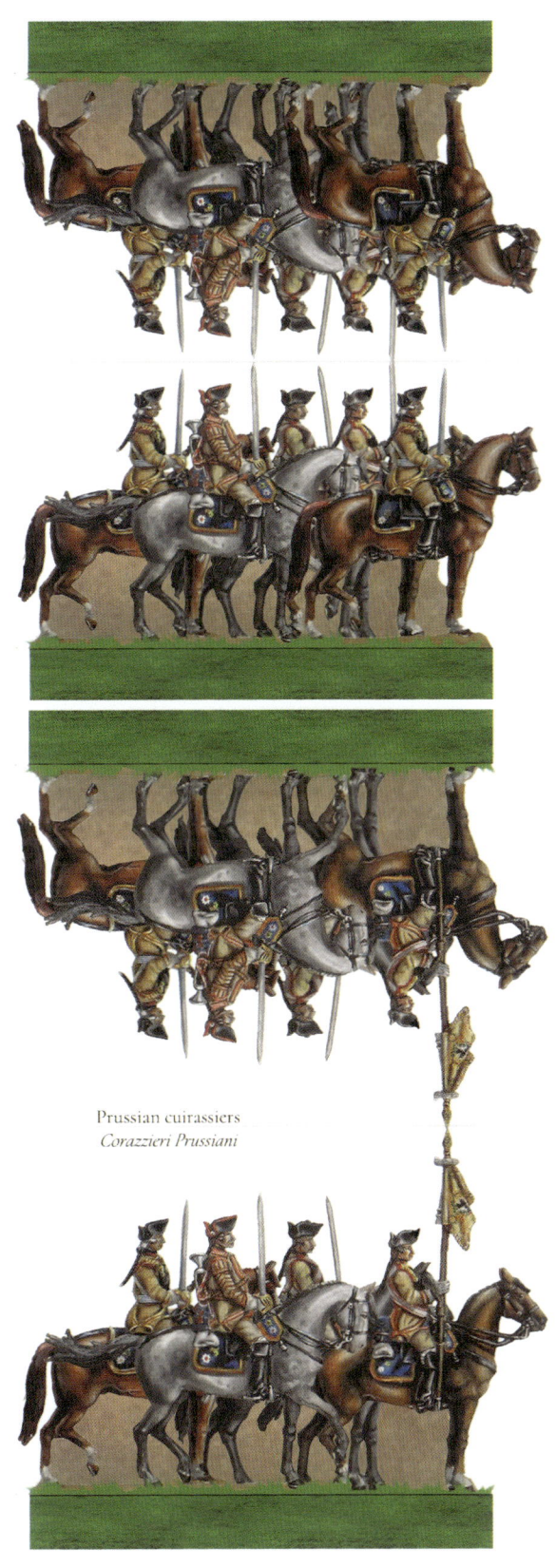

Prussian cuirassiers
Corazzieri Prussiani

FD III Frei Dragoons von Glasenapp
Hungarian Frei Corps von Schony, von Hüllessem
  FI III Hungarian Frei Grenadiers
  FH III Hungarian Frei Hussars
 	
Frei Corps von Gschray
  FI IV Frei Infantry
  FD IV Frei Dragoons
 	
FH IV (Frei) Hussars von Bauer
Légion Britannique (Beckwith)
  FI V Infantry
  FD V Dragoons
 	
Volontaires auxiliaires (von Rauch)
  FI VI Grenadiers
  FD VI Horse Grenadiers
  FH VI (Frei) Hussars
  FL VI Lancers (Turks)
 	
Frei Hussars von Barowski
Schwarze Brigade (Black Legion von Favrat)
  Infantery
  Jäger
  Dragoons
  Hussars
Bosniaken (Lancers) von Petrowski
	FD III Dragoni Frei von Glasenapp
	Corpo Frei ungherese von Schony, von Hüllessem
	  FI III Granatieri Frei ungheresi
	  FH III Ussari Frei ungheresi
	
	Corpo Frei von Gschray
	  FI IV Fanteria Frei
	  FD IV Dragoni Frei
	
	FH IV (Frei) Ussari von Bauer
	Légion Britannique (Beckwith)
	  FI V Fanteria
	  FD V Dragoni
	
	Volontaires auxiliaires (von Rauch)
	  FI VI Granatieri
	  FD VI Granatieri a cavallo
	  FH VI (Frei) Ussari
	  FL VI Lancieri (Turchi)
	
	Frei Hussars von Barowski
	Brigata Schwarze (Legione Nera von Favrat)
	  Fanteria
	  Jäger
	  Dragoni
	  Ussari
	Bosniaken (Lancieri) von Petrowski

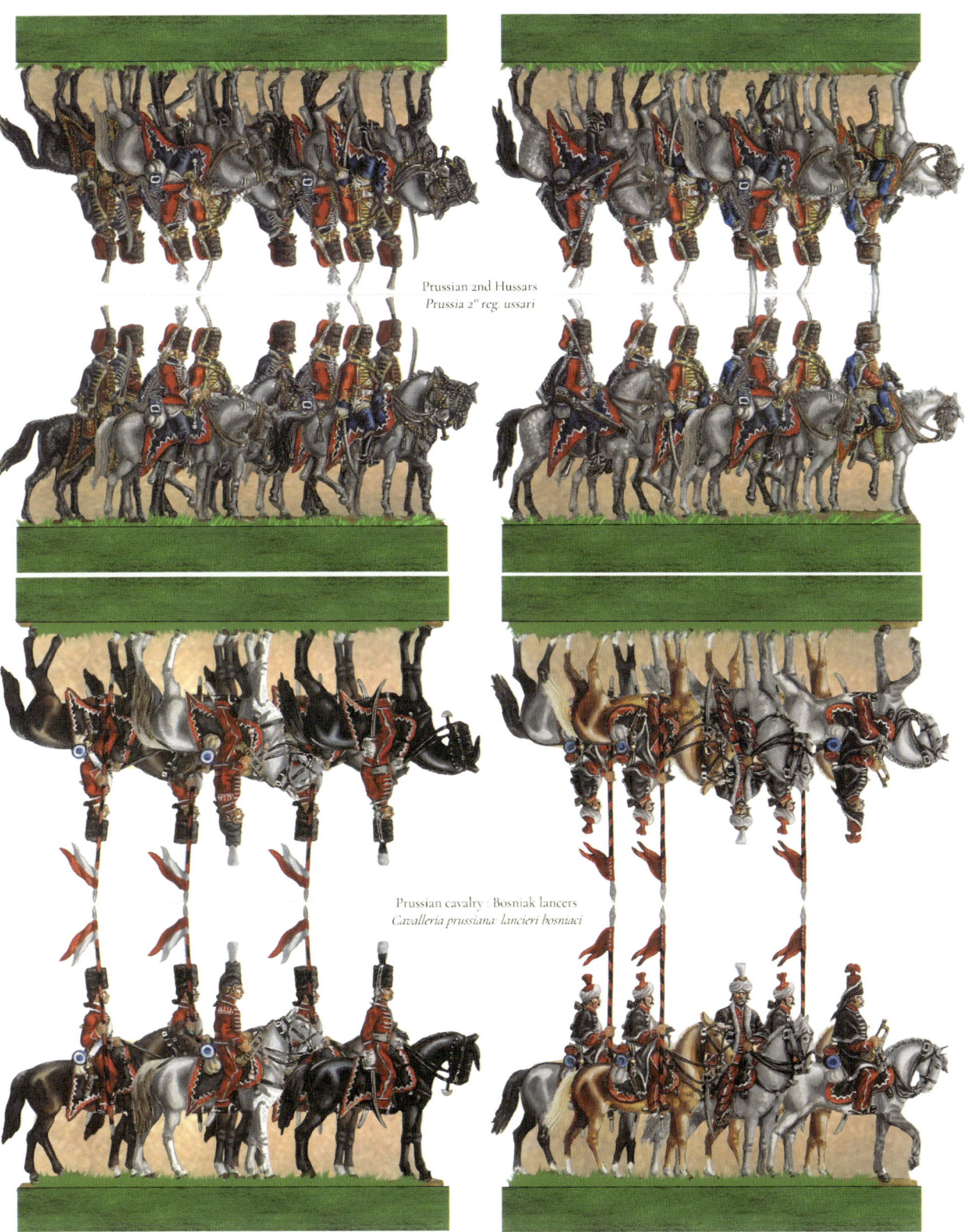

Prussian 2nd Hussars
Prussia 2° reg. ussari

Prussian cavalry : Bosniak lancers
Cavalleria prussiana: lancieri bosniaci

BRITISH ARMY

At the beginning of the Seven Years' War, the British army had been reduced to about 18,000 men besides the garrisons of Minorca and Gibraltar and 6 or 7 independent companies in the American colonies. After the army was increased to 51.000 men and continued to expand during the war just to arrive in 1763 at 32 cavalry regiments and 124 infantry regiment more two highland corps and 3 regiments of foot Guard.

Order of battle of the war

Commander in Chief: Granby, John Manners, Commander of the British forces in Germany (1759-62)

Household Cavalry
Life Guards
- 1st, or His Majesty's Own Troop of Guards
- 2nd, or The Queen's Troop of Guards
- 1st Troop, Horse Grenadier Guards
- 2nd Troop, Horse Grenadier Guards

Royal Horse Guards or The Blues
Foot Guard
1st Regiment of Foot Guards
2nd Coldstream Regiment of Foot Guards
3rd Scots Regiment of Foot Guards

Line infantry
115 regiment of Foot.
Other units were also raised but never received a number:
- Campbell's Argyleshire Fencibles
- Sutherland's Highlanders
- New York Independent Companies
- South Carolina Independent Companies

New England Provincial Infantry Regiments

East India company regiments
European Regiments
Bengal European Regiment
Bombay European Regiment
Madras European Regiment

Native Regiments
Bengal Sepoy Battalions
Madras Sepoy Battalions (7 bns)
Militia

British militias
Colonial militias

ESERCITO BRITANNICO

All'inizio della guerra dei Sette Anni, l'esercito britannico era stato ridotto a circa 18.000 uomini oltre alle guarnigioni di Minorca e Gibilterra e a 6 o 7 compagnie indipendenti nelle colonie americane. Dopo l'esercito fu aumentato a 51.000 uomini e continuò ad espandersi durante la guerra fino ad arrivare nel 1763 a 32 reggimenti di cavalleria e 124 reggimenti di fanteria più due corpi di Highlanders e 3 reggimenti della guardia a piedi.

Ordine di battaglia della guerra

Comandante in capo: Granby, John Manners, Comandante delle forze britanniche in Europa (1759-62)

Household Cavalry
Life Guards
- 1st, or His Majesty's Own Troop of Guards
- 2nd, or The Queen's Troop of Guards
- 1st Troop, Horse Grenadier Guards
- 2nd Troop, Horse Grenadier Guards

Royal Horse Guards or The Blues
Foot Guard
1st Regiment of Foot Guards
2nd Coldstream Regiment of Foot Guards
3rd Scots Regiment of Foot Guards

Fanteria di linea
115 reggimenti di Fanteria.
Altre unità arruoalate senza numerazione:
- Campbell's Argyleshire Fencibles
- Sutherland's Highlanders
- New York Independent Companies
- South Carolina Independent Companies

Reggimenti di fanteria provinciale del New England

East India company regiments
European Regiments
Bengal European Regiment
Bombay European Regiment
Madras European Regiment

Native Regiments
Bengal Sepoy Battalions
Madras Sepoy Battalions (7 bns)
Militia

Milizia britannica
Milizia coloniale

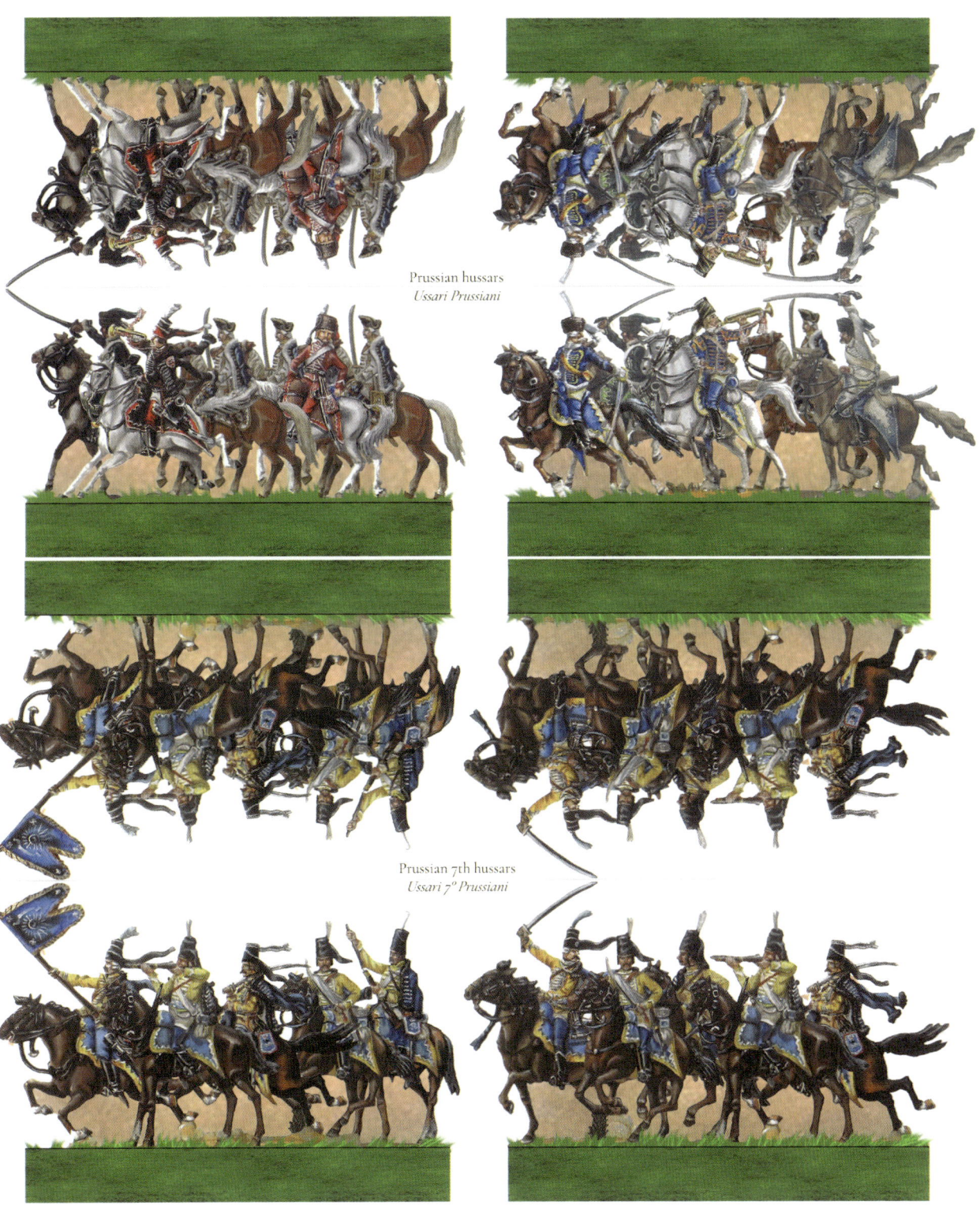

Prussian hussars
Ussari Prussiani

Prussian 7th hussars
Ussari 7° Prussiani

Cavalry

Regiments of Horse
1st (The King's) Regiment of Dragoon Guards
2nd (The Queen's) Regiment of Dragoon Guards
3rd Regiment of Dragoon Guards
1st Regiment of Horse, or The Blue Horse
2nd Regiment of Horse, or The Green Horse
3rd Regiment of Horse (Carabiniers)
4th Regiment of Horse, or The Black Horse

Dragoons
1st (Royal)
2nd (Royal North British)
3rd (King's Own)
4th
5th (Royal Irish)
6th (Inniskilling)
7th (Queen's Own)
8th
9th
10th Mordaunt
11th Ancram
12th Whiteford
13th
14th
Regiment of Dragoons at the Havannah

Light Dragoons
15th or Eliott's Light Horse
16th or Burgoyne's Light Horse
17th or Aberdour's Light Horse
18th or Hale's Light Horse
19th or The Drogheda Light Horse
20th Inniskilling or Caldwell's Light Horse
21st Royal Foresters

Artillery
Royal Regiment of Artillery
Royal Irish Artillery
New England Artillery
Charleston Artillery

Engineers
British Light Infantry Regiments
80th Gage
New England Rangers

THE HANOVERIAN ARMY

In 1756, the Electorate of Hanover's infantry consisted of 1 Garde-Regiment, entitled Fußgarde (Foot Guards) with 2 battalions and 23 line regiments with 1 battalion each. In 1757 a regiment raised in Sachsen-Gotha was taken into payment - by 1759 fully incorporated into the army. In 1758, two so called New Battalions No. 1 and No. 2 were raised (10-B and 13-B). Till 1759, the infantry's most junior regiment (13-A) was entitled Fusiliers.
After 1763, the line infantry regiments were organised in 2 battalions by combining two regiments into one. The regimental service numbers were introduced only by 1783. Each battalion had 7 coys of musketeers with 3 officers and 111 men, or a total of 814 men including regimental staff and two light guns. The cavalry had a guard regiment and four line regiments. There were also 4 regiments of dragons and artillery.

Cavalleria

Regiments of Horse
1st (The King's) Regiment of Dragoon Guards
2nd (The Queen's) Regiment of Dragoon Guards
3rd Regiment of Dragoon Guards
1st Regiment of Horse, or The Blue Horse
2nd Regiment of Horse, or The Green Horse
3rd Regiment of Horse (Carabiniers)
4th Regiment of Horse, or The Black Horse

Dragoni
1st (Royal)
2nd (Royal North British)
3rd (King's Own)
4th
5th (Royal Irish)
6th (Inniskilling)
7th (Queen's Own)
8th
9th
10th Mordaunt
11th Ancram
12th Whiteford
13th
14th
Regiment of Dragoons at the Havannah

Dragoni leggeri
15° o il Cavallo Leggero di Eliott
16° o il Cavallo Leggero di Burgoyne
17° o il Cavallo Leggero di Aberdour
18° o il Cavallo Leggero di Hale
19° o Il Cavallo Leggero di Drogheda
20th Inniskilling o Caldwell's Light Horse
21° Forestieri Reali

Artiglieria
Royal Regiment of Artillery
Royal Irish Artillery
New England Artillery
Charleston Artillery

Genio militare
Reggimenti di fanteria leggera britannica
80° Gage
New England Rangers

L'ESERCITO HANOVERIANO

Nel 1756, l'elettorato della fanteria di Hannover era composto da un reggimento di guardie, denominato Fußgarde (Guardie a piedi) con 2 battaglioni e 23 reggimenti di linea con 1 battaglione ciascuno. Nel 1757 un reggimento fu levato a Sachsen-Gotha. Nel 1758, due Nuovi Battaglioni n. 1 e n. 2 furono arruolati (10-B e 13-B). Fino al 1759, il reggimento nr. 13 era formato da Fucilieri.
Dopo il 1763, i reggimenti di fanteria di linea furono organizzati in 2 battaglioni combinando due reggimenti in uno solo. I numeri di servizio del reggimento furono introdotti solo nel 1783. Ogni battaglione aveva 7 compagnie di moschettieri con 3 ufficiali e 111 uomini, per un totale di 814 uomini, compreso lo stato maggiore del reggimento e due cannoni leggeri. La cavalleria aveva un reggimento di guardia e quattro reggimenti di linea. C'erano anche 4 reggimenti di dragoni e artiglieria.

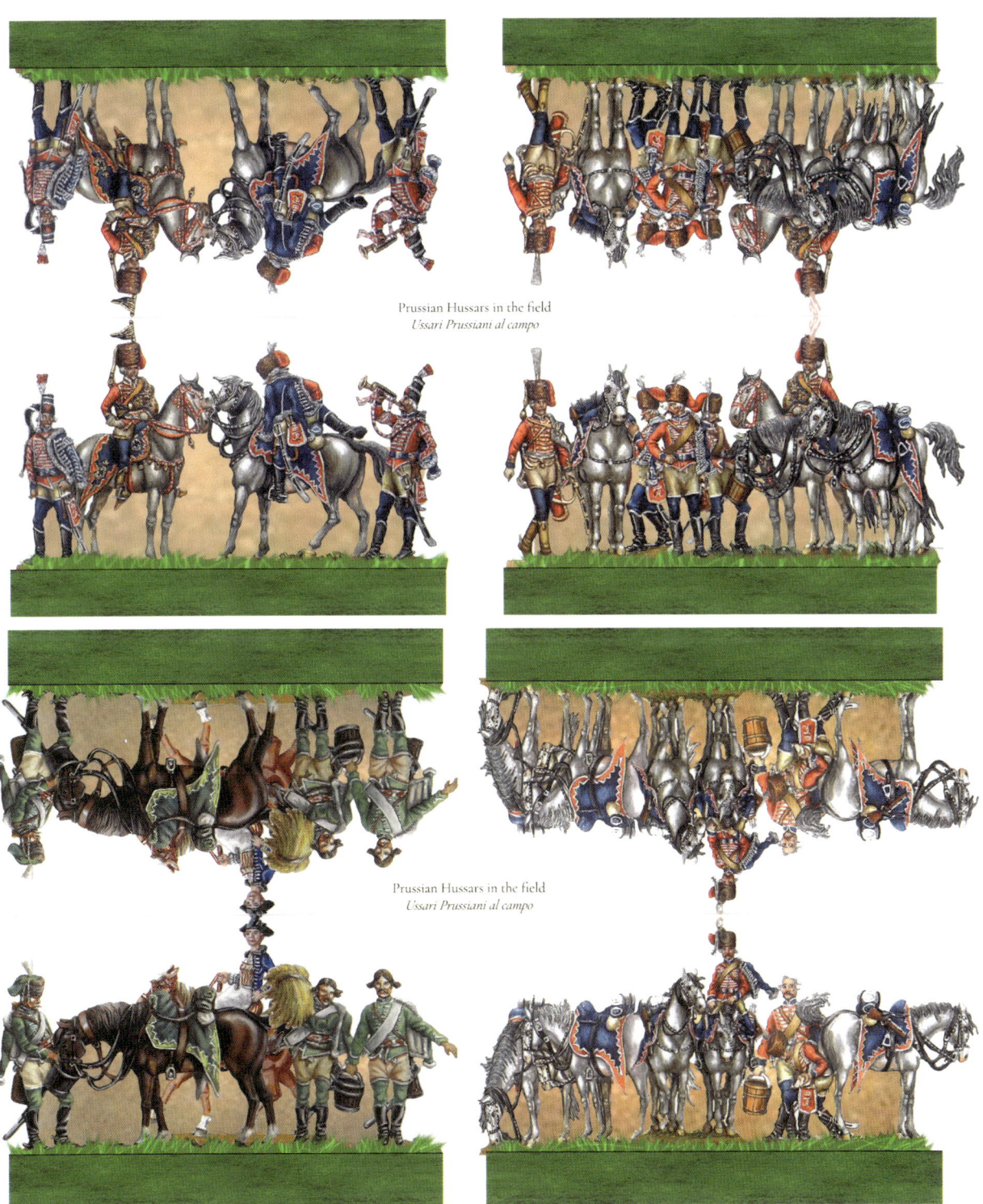

Prussian Hussars in the field
Ussari Prussiani al campo

Prussian Hussars in the field
Ussari Prussiani al campo

SCENERY FOR THE SEVEN YEARS' WAR
SCENARI PER LE GUERRA DEI SETTE ANNI 1756-1763

SCENERY FOR THE BATTLE OF ROSSBACH OF 5TH NOVEMBER OF 1757

The Battle of Rossbach took place during the Third Silesian War (1756–1763, part of the Seven Years' War) near the village of Rossbach, in the Electorate of Saxony. In this 90-minute battle, Frederick the Great, king of Prussia, defeated an Allied army composed of French forces augmented by a contingent of the Reichsarmee (Imperial Army) of the Holy Roman Empire. The French and Imperial army included almost 42,000 men, opposing a considerably smaller Prussian force of 22,000. Despite overwhelming odds, Frederick employed rapid movement, a flanking maneuver and oblique order to achieve complete surprise.

The Battle of Rossbach marked a turning point in the Seven Years' War, not only for its stunning Prussian victory, but because France refused to send troops against Prussia again and Britain, noting Prussia's military success, increased its financial support for Frederick. Following the battle, Frederick immediately left Rossbach and marched for 13 days to the outskirts of Breslau. There he met the Austrian army at the Battle of Leuthen; he employed similar tactics to again defeat an army considerably larger than his own.

Rossbach is considered one of Frederick's greatest strategic masterpieces. He crippled an enemy army twice the size of the Prussian force while suffering negligible casualties. His artillery also played a critical role in the victory, based on its ability to reposition itself rapidly responding to changing circumstances on the battlefield. Finally, his cavalry contributed decisively to the outcome of the battle, justifying his investment of resources into its training during the eight-year interim between the conclusion of the War of Austrian Succession and the outbreak of the Seven Years' War.

Prussian Order of Battle

Commander-in-chief: Frederick II King of Prussia assisted by Field-Marshal James Keith.

Summary: 27 bns (each of approx. 600 men for a total of 16,600 men) with 56 battalion guns, 45 sqns (each of approx. 120 men for a total of 5,400 men), 25 heavy pieces, for a grand total of approximately 22,000 men.

First Line

Falnk Guard Szekely Hussars (5 sqns)

Right Wing Cavalry under Major-general von Seydlitz
Seydlitz Brigade
 Meinicke Dragoons (5 sqns)

SCENARIO PER LA BATTAGLIA DI ROSSBACH DEL 5 NOVEMBRE 1757

La battaglia di Rossbach ebbe luogo durante la Terza Guerra di Slesia (1756-1763, parte della Guerra dei Sette Anni) nei pressi del paese di Rossbach, nell'elettorato di Sassonia. In questa battaglia di 90 minuti, Federico il Grande, re di Prussia, sconfisse un esercito alleato composto da forze francesi incrementate da un contingente del Reichsarmee (Esercito imperiale). L'esercito francese e imperiale contava quasi 42.000 uomini, contro una forza prussiana assai più piccola di 22.000. Nonostante la disparità, Federico si servì di un rapido movimento, di una manovra di fianco e di un ordine obliquo per ottenere una sorpresa completa.

La battaglia di Rossbach segnò un punto di svolta nella Guerra dei Sette Anni, non solo per la sua stupefacente vittoria prussiana, ma perché la Francia si rifiutò di inviare nuovamente truppe contro la Prussia e la Gran Bretagna, notando il successo militare della Prussia, aumentò il suo sostegno finanziario a Federico. Dopo la battaglia, Federico lasciò immediatamente Rossbach e marciò per 13 giorni verso la periferia di Breslavia. Lì incontrò l'esercito austriaco nella battaglia di Leuthen; impiegò tattiche simili per sconfiggere di nuovo un esercito molto più grande del suo.

Rossbach è considerato uno dei più grandi capolavori strategici di Federico. Ha paralizzato un esercito nemico forte il doppio dell'esercito prussiano, subendo perdite trascurabili. Anche la sua artiglieria giocò un ruolo critico nella vittoria, grazie alla sua capacità di riposizionarsi rapidamente rispondendo alle mutevoli circostanze sul campo di battaglia. Infine, la sua cavalleria agì in modo decisivo all'esito della battaglia, giustificando l'ottimo addestramento ricevuto durante l'intervallo di otto anni tra la conclusione della Guerra di Successione Austriaca e lo scoppio della Guerra dei Sette Anni.

Ordine prussiano di battaglia

Comandante in capo: Federico II Re di Prussia assistito dal Maresciallo del Campo James Keith.

Riassunto: 27 bat. (ciascuno di circa 600 uomini per un totale di 16.600 uomini) con 56 cannoni, 45 sq (ciascuno con 120 uomini per un totale di 5.400 uomini), 25 pezzi pesanti, per un totale di circa 22.000 uomini.

Prima linea

Guardia Falnk Szekely Ussari (5 sq)

Ala destra Cavalleria sotto il generale von Seydlitz
Brigata Seydlitz
 Meinicke Dragoni (5 sq)

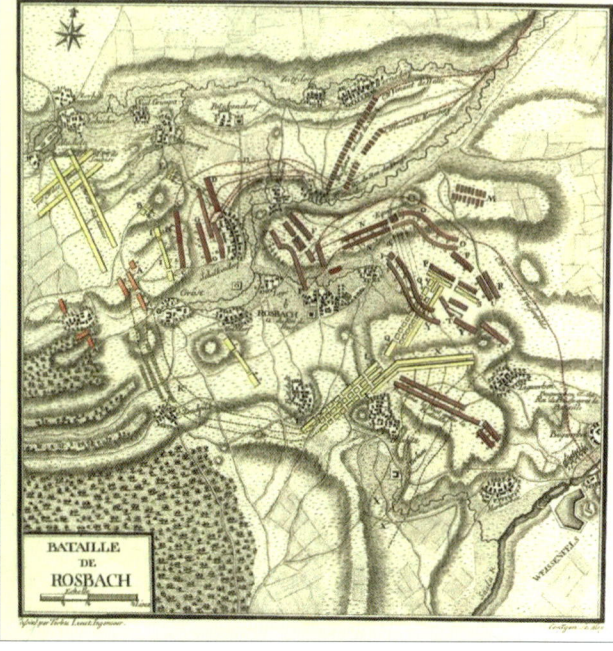

Prussian nd hussars in charge
Prussia, 2° Ussari in carica

Prussian Cuirassier Cavalry
Cavalleria prussian corazzieri

Czettritz Dragoons (5 sqns)
Leibregiment Cuirassiers (5 sqns)
Second line
Schonaich Cuirassier Brigade
  Garde du Corps (3 sqns)
  Gens d'armes (5 sqns)
  Rochow (5 sqns)
  Driesen (5 sqns)

Infantry centre under Prince Heinrich
First Line under General of infantry Fürst von Anhalt-Dessau
Right Wing Infantry under Lieutenant-General Ferdinand Prince of Brunswick
  Major-General von Itzenplitz Brigade
    Grenadier Battalion 1/23 Wedell (1 bn) as flank guard
    Grenadier Battalion 17/22 Kremzow (1 bn)
    Grenadier Battalion 19/25 Ramin (1 bn)
    Markgraf Karl (2 bns)
  Major-General von Retzow Brigade
    Meyerinck (2 bns)
    II./Garde (1 bn)
    III./Garde (1 bn)
    Grenadier Garde (1 bn) ak.a Retzow

Second Line under Lieutenant-General von Forcade
  Major-General von Asseburg Brigade
    Winterfeldt (2 bns)
    Goltz (2 bns)
  Field Artillery under Colonel Moller
    18 field guns
    4 heavy guns
  Major-General von Grabow Brigade
    I./Hülsen (1 bn)
    Grenadier Battalion 13/26 Finck (1 bn)

Left Wing Infantry under Lieutenant-General Heinrich Prince von Preussen
  Major-General von Geist Brigade
    Itzenplitz (2 bns)
    Forcade (2 bns)
  Major-General von Oldenburg Brigade
    Kleist (2 bns)
    Alt-Braunschweig (2 bns)
    Grenadier Battalion 5/20 Jung-Billerbeck (1 bn)
    Grenadier Battalion 7/30 Lubath (1 bn) as flank guard

Dragoni Czettritz (5 sq)
Leibregiment Cuirassiers (5 sq)
Seconda linea
Brigata corazzieri Schonaich
  Garde du Corps (3 sq)
  Gens d'armes (5 sq)
  Rochow (5 sq)
  Driesen (5 sq)

Centro - fanteria sotto il principe Heinrich
Prima linea del generale di fanteria Fürst von Anhalt-Dessau
Fanteria di destra sotto il Tenente Generale Ferdinando Principe di Brunswick
  Brigata del Maggiore Generale von Itzenplitz
    Batt. Granatieri 1/23 Wedell (1 bt) come fianco guardia
    Battaglione Granatieri 17/22 Kremzow (1 bt)
    Battaglione Granatieri 19/25 Ramin (1 bt)
    Markgraf Karl (2 bt)
  Brigata del Maggiore Generale von Retzow
    Meyerinck (2 bt)
    II./Garde (1 bt)
    III./Garde (1 bt)
    Granatieri Guardia (1 bt) ak.a Retzow

Seconda linea sotto il tenente generale von Forcade
  Brigata del Maggiore Generale von Asseburg
    Winterfeldt (2 bt)
    Goltz (2 bt)
  Artiglieria da campo sotto il colonnello Moller
    18 cannoni campali
    4 cannoni pesanti
  Brigata del Maggiore Generale von Grabow
    I./Hülsen (1 bt)
    Battaglione Granatieri 13/26 Finck (1 bt)

Ala sinistra - fanteria sotto il tenente generale Heinrich Prince von Preussen
  Brigata del Maggiore Generale von Geist
    Itzenplitz (2 bt)
    Forcade (2 bt)
  Brigata del Maggiore Generale von Oldenburg
    Kleist (2 bt)
    Alt-Braunschweig (2 bt)
    Battaglione Granatieri 5/20 Jung-Billerbeck (1 bt)
    Battaglione Granatieri 7/30 Lubath (1 bt)

Britis infantry 7th foot
7° foot inglese

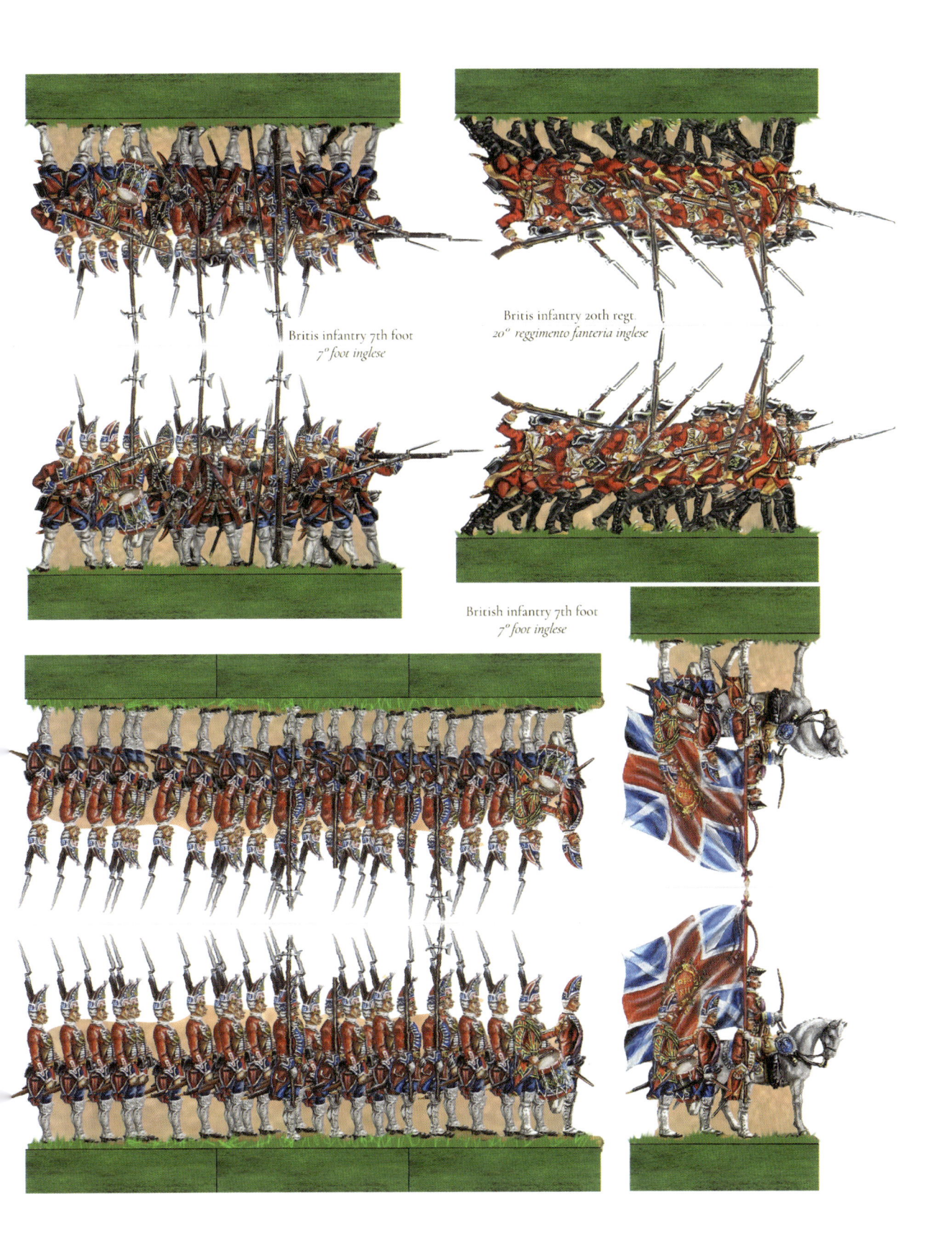

Britis infantry 20th regt.
20° reggimento fanteria inglese

British infantry 7th foot
7° foot inglese

Franco-Imperial Order of Battle

Commander-in-chief: Fieldmarshal Prince von Hildburghausen assisted by Lieutenant-General Prince de Soubise

Summary: 62 bns (48 French btn. 530 men each, 14 Imperial), 82 sqns (40 French with 120 men each, 42 Imperial), 45 field guns (33 French, 10 light Imperial pieces, 2 heavy Imperial pieces) for a total of approximately 41,100 men (30,200 French, 10,900 Imperials).

First Line Right Wing Austrian and Imperial Cavalry
- Bretlach Cuirassiers (6 sqns + 1 carabinier coy)
- Imperial Cavalry Brigade under prince von Hohenzollern
  - Kurpfalz von Hatzfeld Carabiniers (3 sqns)
  - Hohenzollern Cuirassiers (4 sqns)
  - Württemberg Dragoons (2 sqns)
- Trautmansdorf Cuirassiers (6 sqns + 1 carabinier coy)
- Imperial Cavalry Brigade under Prince von Hohenzollern
  - Brandenburg-Bayreuth Cuirassiers (4 sqns)
  - Brandenburg-Ansbach Dragoons (4 sqns)

Right Wing French Cavalry under the Marquis de Poulpry
- Penthièvre Brigade
  - Penthièvre (2 sqns)
  - Saluces (2 sqns)
  - Bussy-Lameth (2 sqns)

Center French Infantry under Comte de Montboisier
- Piémont Brigade (4 bns) under M. de Crillon
- La Viefville Saint-Chamond Brigade under M. de Custine
  - La Viefville Saint-Chamond (2 bns)
  - Cossé Brissac (2 bns)
- Royal-Roussillon Brigade
  - Royal Deux-Ponts (3 bns)
  - I./Royal Roussillon (1 bn)
- Planta Swiss Brigade under M. de Planta
  - Reding (2 bns)
  - Planta (2 bns)

Center French Infantry under Comte de Lorges
- Mailly Brigade (4 bns)
- La Marck German Brigade
  - La Marck (2 bns)
  - Royal-Pologne (1 bn)
  - Saint-Germain (1 bn)
- Castellas Swiss Brigade
  - Castelas (2 bns)
  - Salis de Mayenfeld (2 bns)
- Wittmer Swiss Brigade
  - Wittmer (2 bns)
  - Diesbach (2 bns)
- Poitou Brigade under Comte d'Orlick
  - Poitou (2 bns)
  - Provence (2 bns)
- Rohan-Montbazon Brigade under Prince Camille
  - Rohan Montbazon (2 bns)
  - Beauvoisis (2 bns)

Left Wing French Cavalry under Lieutenant-general Comte de Mailly assisted by M. de Raugrave

Higland Scottish infantry
Fanteria scozzese

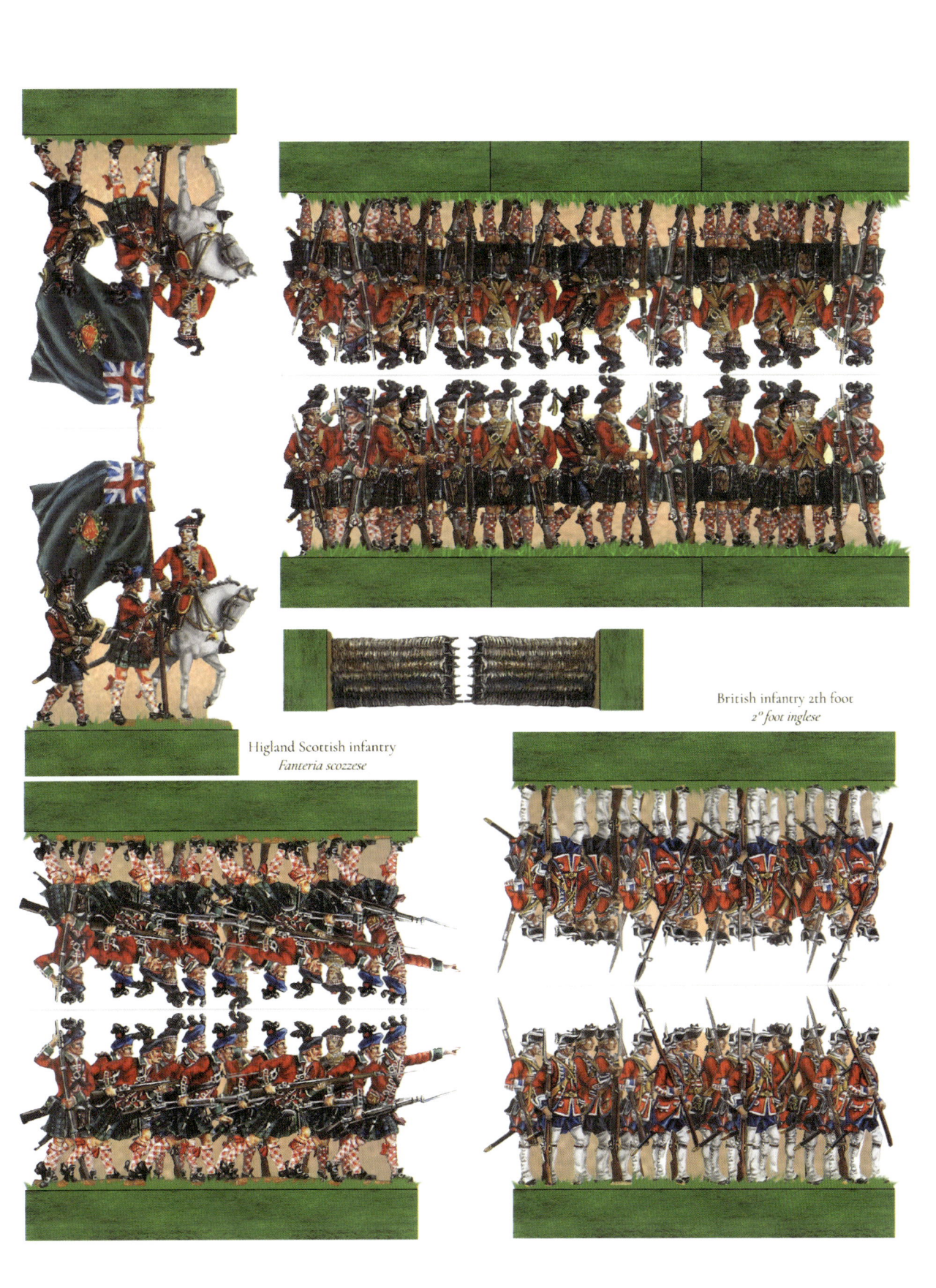

British infantry 2th foot
2° foot inglese

La Reine Brigade
  La Reine (2 sqns)
  Bourbon-Busset (2 sqns)
  Fitz-James (2 sqns)
Bourbon Brigade
  Beauvilliers (2 sqns)
  Volontaires Liégeois (2 sqns)
  Bourbon (2 sqns)
Lusignan Brigade
  Lusignan (2 sqns)
  Descars (2 sqns)

STATES OF BRITISH PRUSSIAN ALLIANCE

PRUSSIA
Capital   Berlin
Language German
Religion Protestant
Population   4,500,000
Government   Kingdom
Rulers 1740-1786: Frederick II
Fortresses   Breslau, Colberg, Cosel, Cüstrin, Magdeburg, Neisse, Schweidnitz, Spandau, Wesel.

After the Peace of Dresden of 1745, the Prussians had completed the works on the fortifications of Neisse. The fortifications of Cosel had also been extended so that they could resist an attack. Schweidnitz had also been transformed from an important depot into a real fortress. Finally, important improvements had also been made to the fortifications of Glatz, while very minor improvements had been made to those of Brieg and Breslau.

Army   At the beginning of the conflict, the Prussian Army numbered some 160,000 men.

International relations : In 1747, Frederick II had concluded a defensive alliance with Sweden against Russia.
On June 5 1741, France and Prussia had signed a 15 years long alliance in Breslau. Thus this treaty would come to an end on June 5 1756.
On January 16 1756, by the Treaty of Westminster, Prussia concluded a defensive alliance with Great Britain.
In 1756, when the French Court learned of the alliance of Prussia with Great Britain, it decided not to renew its treaty with Prussia and concluded an alliance with Austria instead.

GREAT BRITAIN
Capital   London
Language English,
Religion Protestant (Anglican)
Population   5,800,000 (1750 estimate)
Government   Constitutional monarchy
Rulers   1727-1760: King George II
1760-1801: King George III

Army   At the beginning of the conflict, only three regiments were in the country or had colonels even nominated.
Great Britain had to hire 10,000 Hessians and to raise the same

English 6th foot regiment
Inghilterra, 6° reggimento di fanteria

English 8th foot regiment
Inghilterra, 8° reggimento di fanteria

number from its Hanoverian possessions.

The Hessian Contingent disembarked at Southampton on May 15 1756 while the Hanoverian Contingent arrived at Chatham on May 21 1756.

Navy The royal navy In 1762, at the end of the Seven Years' War, counted 141 ships of the line and 224 smaller vessels. No other state could put as many warships to sea.

International relations: Since 1747, Great Britain was paying for the maintenance of Russian troops in Courland and Livonia.

On September 13 1751, Great Britain had secured the service of 6,000 Saxons in case of an attack on its European estates.

On September 30 1755, Sir Hanbury Williams concluded a new agreement between Russia and Great Britain by which, for the next four years, Russia would make 55,000 men and from 40 to 50 galleys available to Great Britain. Furthermore, 10,000 men could be used on the sea if necessary.

On January 16 1756, by the Treaty of Westminster, Great Britain concluded a defensive alliance with Prussia. This eventually led to a reversal of alliances by which Austria, Russia and Saxony abandoned their alliances with Great Britain to side with France.

On May 18 1756, Great Britain declared war to France.

HANNOVER

Capital   Hanover
Language   German
Religion   Protestant (Lutheran)
Population   ca. 750,000 (as per the 1756 census)
Government   Principality (subprincipality of the "Duchy of Brunswick and Lüneburg")

N.B.: this state was officially designated as the "Electorate of Brunswick-Lüneburg" (Kurfürstentum Braunschweig-Lüneburg)

Rulers   1727-1760: Duke George II (also King of Great Britain)
1760-1801: Duke George III (also King of Great Britain)

Army   In 1757, the Hanoverian Army amounted to 29,000 men. It increased throughout the conflict to reach 37,000 men in 1762.

---

lo stesso numero di truppe dai suoi possedimenti hannoveriani.

Il 15 maggio 1756 il contingente dell'Assia sbarcò a Southampton, mentre il 21 maggio 1756 il contingente di Hannover arrivò a Chatham.

Marina La Royal navy Nel 1762, alla fine della guerra dei Sette Anni, contava 141 navi di linea e 224 navi più piccole. Nessun altro Stato poteva mettere in mare così tante navi da guerra.

Relazioni internazionali: Dal 1747 la Gran Bretagna pagava il mantenimento di truppe russe a Courland e Livonia.

Il 13 settembre 1751 la Gran Bretagna si era assicurata il servizio di 6.000 Sassoni in caso di attacco ai suoi possedimenti europei.

Il 30 settembre 1755, Sir Hanbury Williams concluse un nuovo accordo tra la Russia e la Gran Bretagna con il quale, per i successivi quattro anni, la Russia avrebbe messo a disposizione della Gran Bretagna 55.000 uomini e da 40 a 50 vascelli. Inoltre, se necessario, 10.000 uomini potevano essere utilizzati in mare.

Il 16 gennaio 1756, con il trattato di Westminster, la Gran Bretagna concluse un'alleanza difensiva con la Prussia. Questo portò ad un'inversione di tendenza delle alleanze con Austria, Russia e Sassonia che abbandonarono le loro alleanze con la Gran Bretagna per schierarsi con la Francia.

Il 18 maggio 1756 la Gran Bretagna dichiarò guerra alla Francia.

HANNOVER

Capitale Hannover
Lingua Tedesco
Religione protestante (luterana)
Popolazione: circa 750.000 persone (censimento del 1756)
Governo Principato (sottoprincipato del "Ducato di Brunswick e Lüneburg")

N.B.: questo stato era ufficialmente designato come "Elettorato di Brunswick-Lüneburg" (Kurfürstentum Braunschweig-Lüneburg)

Monarchi 1727-1760: Duca Giorgio II (anche re di Gran Bretagna)
1760-1801: Duca Giorgio III (anche re di Gran Bretagna)

Esercito Nel 1757, l'esercito di Hannover ammontava a 29.000 uomini. Nel corso del conflitto venne aumentato fino a raggiungere i 37.000 uomini nel 1762.

English light dragoons
Inghilterra Dragoni leggeri

Hanoverian Horse Foot
Hannover, granatieri a piedi

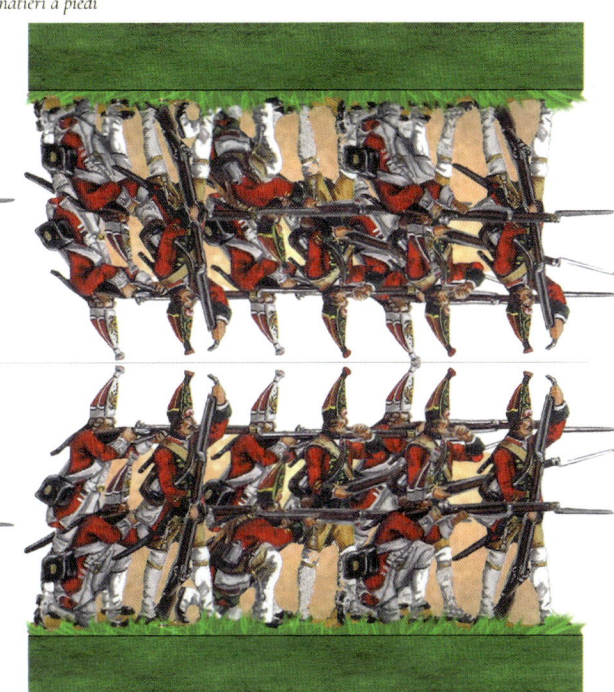

Hanoverian Horse grenadiers
Hannover, granatieri a cavallo

Various trees for battlefield - *Vari alberi per il campo di battaglia*

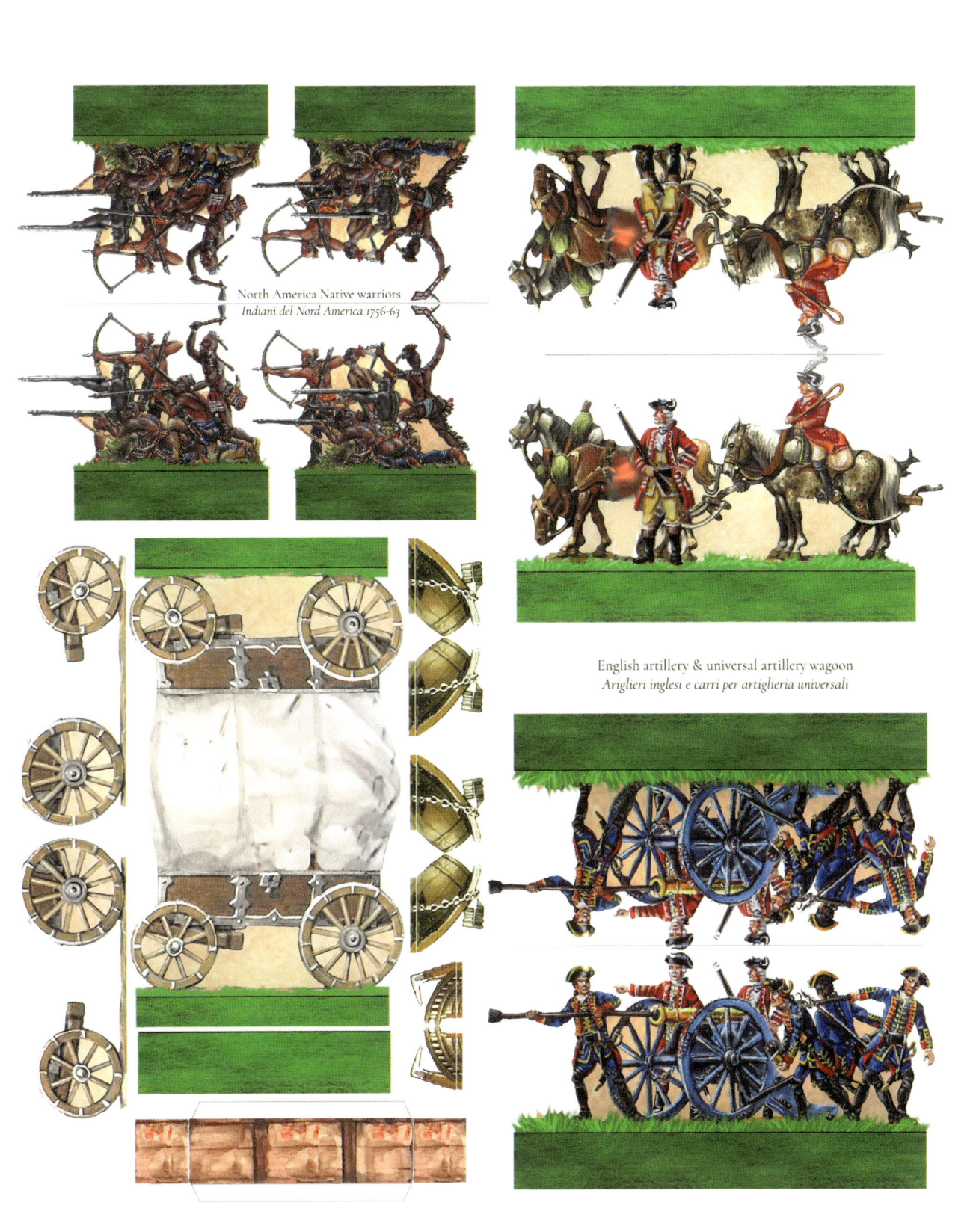

North America Native warriors
Indiani del Nord America 1756-63

English artillery & universal artillery wagoon
Ariglieri inglesi e carri per artiglieria universali

Ancient bridge
Antico ponte

Artillery gabions - *Gabbioni d'artigleria*

Field bush - *bordo cespuglio*

Mild will part II
Mulini a vento 2a parte

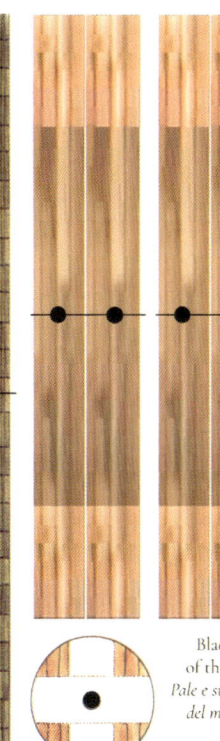

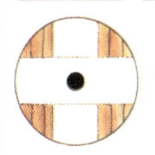

Wild mill roof
Tetto del mulino

Blades of the mill
Pale e supporto del mulino

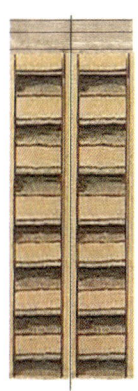

Wild mill floor
Fondo del mulino

Wooden staircase
Scala di legno

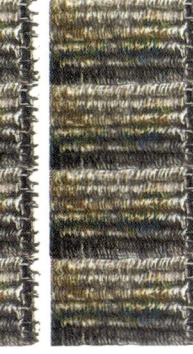

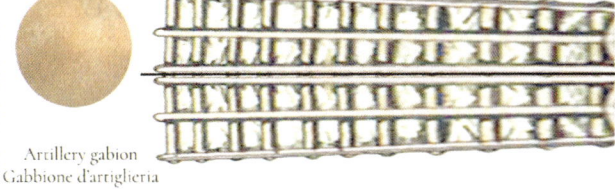

Artillery gabion
Gabbione d'artiglieria

47

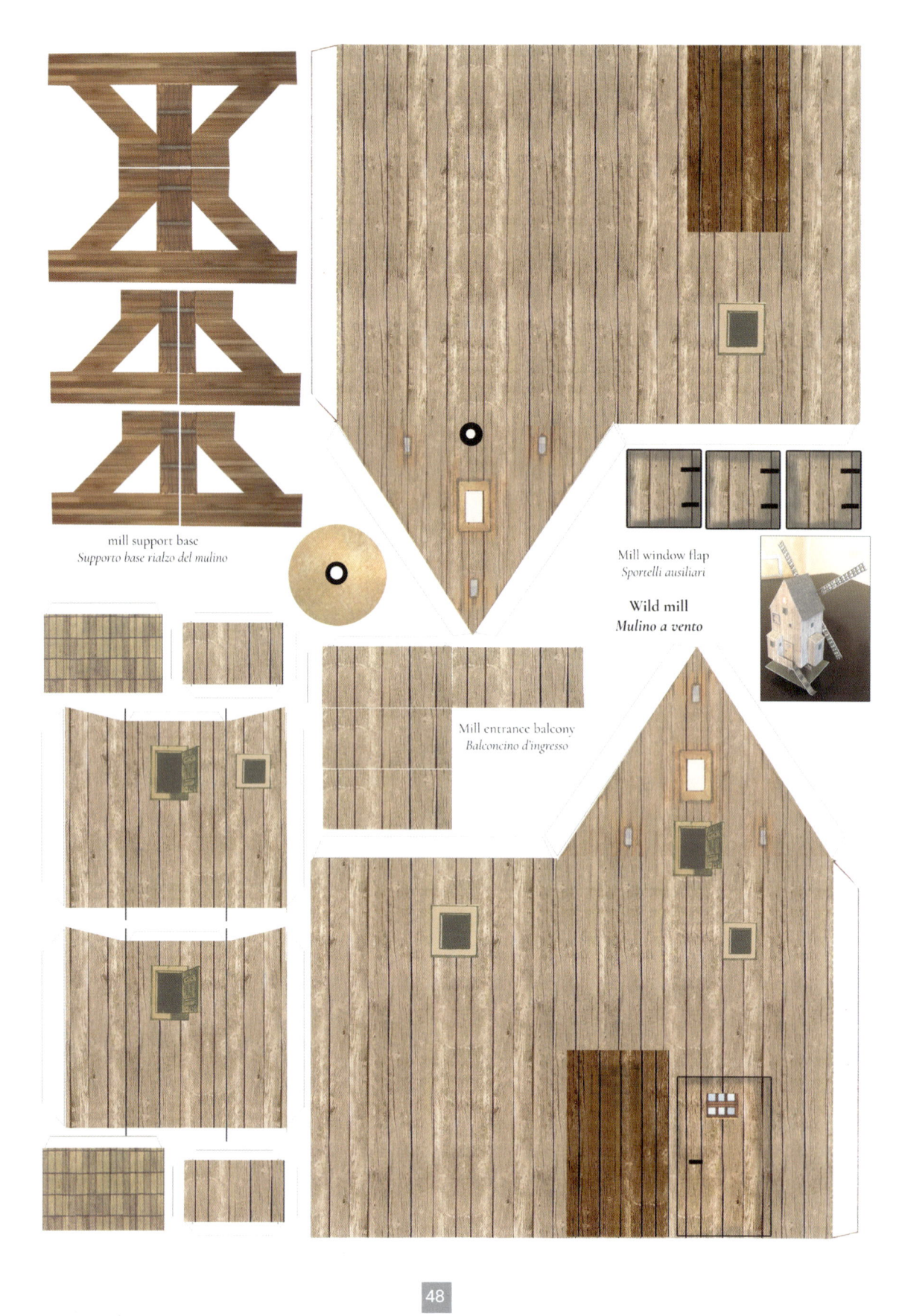

mill support base
Supporto base rialzo del mulino

Mill window flap
Sportelli ausiliari

Wild mill
Mulino a vento

Mill entrance balcony
Balconcino d'ingresso

PAPER BATTLE&DIORAMAS PUBLISHED AND IN WORKING
(SOME TITLES)

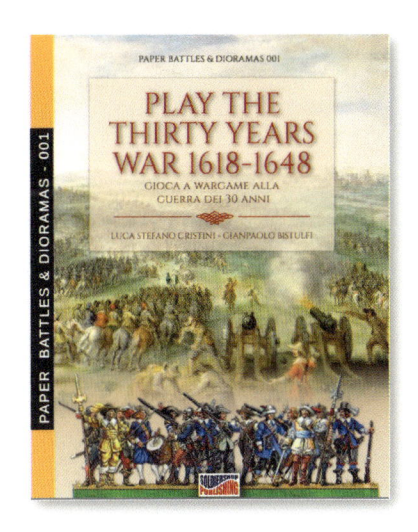

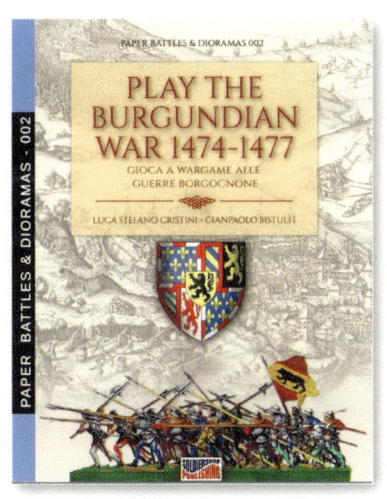

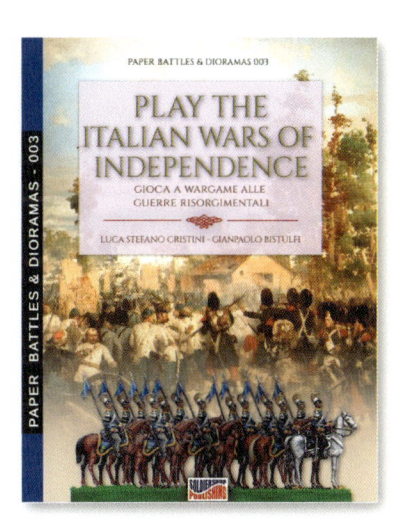

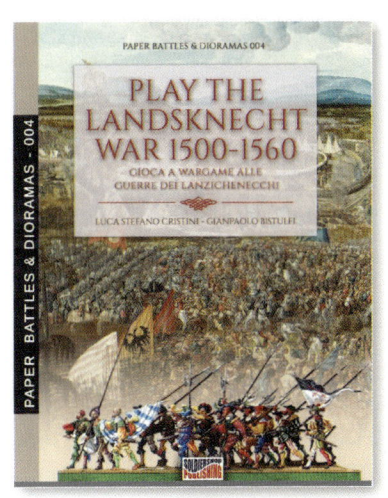

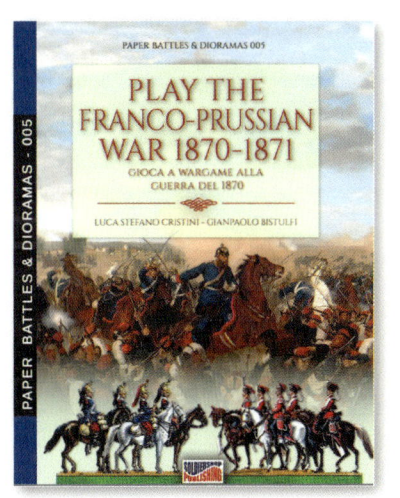

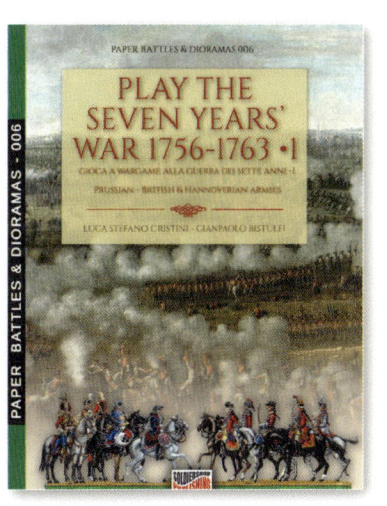

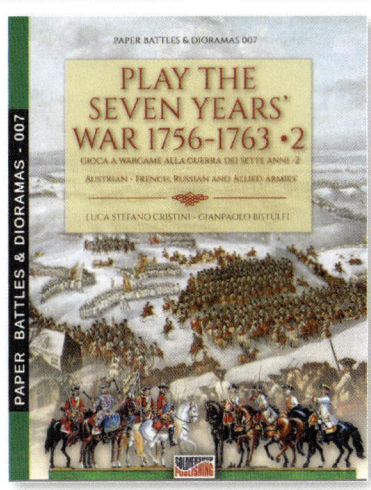

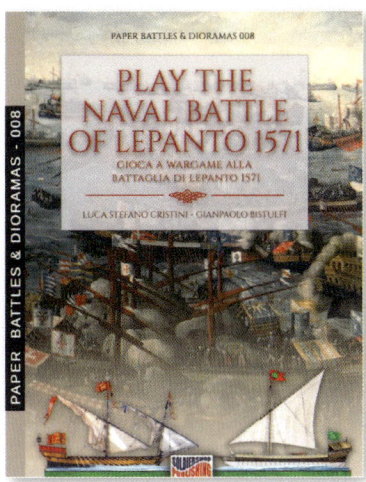

- **Paper Battles & Dioramas 001** — PLAY THE THIRTY YEARS WAR 1618-1648 — Gioca a wargame alla guerra dei 30 anni — Luca Stefano Cristini, Gianpaolo Bistulfi
- **Paper Battles & Dioramas 002** — PLAY THE BURGUNDIAN WAR 1474-1477 — Gioca a wargame alle guerre borgognone — Luca Stefano Cristini, Gianpaolo Bistulfi
- **Paper Battles & Dioramas 003** — PLAY THE ITALIAN WARS OF INDEPENDENCE — Gioca a wargame alle guerre risorgimentali — Luca Stefano Cristini, Gianpaolo Bistulfi
- **Paper Battles & Dioramas 004** — PLAY THE LANDSKNECHT WAR 1500-1560 — Gioca a wargame alle guerre dei Lanzichenecchi — Luca Stefano Cristini, Gianpaolo Bistulfi
- **Paper Battles & Dioramas 005** — PLAY THE FRANCO-PRUSSIAN WAR 1870-1871 — Gioca a wargame alla guerra del 1870 — Luca Stefano Cristini, Gianpaolo Bistulfi
- **Paper Battles & Dioramas 006** — PLAY THE SEVEN YEARS' WAR 1756-1763 •1 — Gioca a wargame alla guerra dei sette anni -1 — Prussian - British & Hannoverian armies — Luca Stefano Cristini, Gianpaolo Bistulfi
- **Paper Battles & Dioramas 007** — PLAY THE SEVEN YEARS' WAR 1756-1763 •2 — Gioca a wargame alla guerra dei sette anni -2 — Austrian - French, Russian and Allied armies — Luca Stefano Cristini, Gianpaolo Bistulfi
- **Paper Battles & Dioramas 008** — PLAY THE NAVAL BATTLE OF LEPANTO 1571 — Gioca a wargame alla battaglia di Lepanto 1571 — Luca Stefano Cristini, Gianpaolo Bistulfi

Soldiershop Publishing

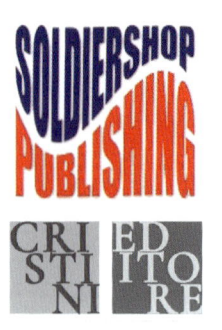

CRISTINI EDITORE

Printed in Great Britain
by Amazon